Anja Cantzler

Mein Körper

Ideen und Spiele für die Praxis
mit Kindern von 0 bis 3 Jahren

Materialien für die Kinderkrippe

Hase und Igel®

Ich danke meiner Familie für die Unterstützung beim Verfassen dieses Bandes – allen voran meiner Tochter, die geduldig und kompetent mein Manuskript gelesen und mich bei vielen Spielen in der Wortwahl beraten hat. Des Weiteren danke ich Mariele Diekhof aus Berlin, die mich zur Themenkiste inspiriert hat, und meinem Lehrcoach Michael Pohl, der mich bestärkt hat, überhaupt ein Buch zu schreiben. Schließlich danke ich den vielen Teilnehmerinnen und Teilnehmern meiner Seminare, die mich in meiner langjährigen Tätigkeit an ihrem großen Erfahrungsschatz haben teilhaben lassen.

80797 München, service@hase-und-igel.de
www.hase-und-igel.de
Lektorat: Monika Burger, Insa Janssen
Satz: Margit Kick
Illustrationen: Corina Beurenmeister
Druck: Joh. Walch GmbH & Co. KG, Im Gries 6,
86179 Augsburg, kontakt@walchdruck.de

ISBN 978-3-86760-858-9
4. Auflage 2025

Projekt „Mein Körper“

Die Auseinandersetzung mit dem eigenen Körper ist in den ersten Lebensjahren eines Kindes die zentrale Entwicklungsaufgabe. Der aktuellen pädagogischen Sichtweise entsprechend, die das Kind als selbsttätiges und kompetentes Individuum betrachtet, treten Kinder von der Geburt an in einen aktiven und regen Austausch mit ihrer Umwelt: Mit allen Sinnen entdecken sie sich selbst und die Welt um sich herum. Dabei ist spielerisches Tun das wichtigste Werkzeug.

In diesem Sinne betrachten die Bildungs- und Erziehungspläne für Kinder in den ersten Lebensjahren die Stärkung der personalen Kompetenzen als einen pädagogischen Schwerpunkt, denn sie sind für das gesamte Leben der Kinder von Bedeutung.

Ausgangspunkt für eine gelingende Persönlichkeitsentwicklung ist die Wahrnehmung des eigenen Körpers. Deshalb gehören Spiele zur Wahrnehmung des eigenen Aussehens sowie Erfahrungen zu den Bewegungsmöglichkeiten einzelner Körperteile zu den Voraussetzungen für die Ausbildung des Selbstwertgefühls und für die Entwicklung eines positiven Selbstkonzepts: Erst, wenn ich mich selbst als Person kenne, kann ich eine entsprechende Ich-Identität entwickeln. Erst, wenn ich weiß, wer ich bin und was ich kann, kann ich meinen Körper und die entsprechenden Körperfunktionen kontrollieren und regulieren.

Aus dem Wissen über diese Zusammenhänge ergeben sich für den pädagogischen Alltag Folgerungen:

- Gestalten Sie den Tagesablauf und die Umgebung in der Kinderkrippe so, dass die Kinder Zeit und Raum haben, sich mit ihrem eigenen Körper auseinanderzusetzen.
- Stellen Sie den Kindern geeignete Materialien zur Verfügung, die das Entdecken des eigenen Körpers fördern und unterstützen.
- Bieten Sie den Kindern vielfältige Ideen und Spiele an, mit deren Hilfe die einzelnen Bildungsbereiche ganzheitlich und unter Beteiligung verschiedener Sinne angesprochen werden.

Die vorliegenden Praxismaterialien möchten Sie in Ihrer täglichen Arbeit dabei unterstützen, Kindern von bis zu drei Jahren bildungsanregende und entwicklungsfördernde Impulse anzubieten.

Aufbau des Materials

Nach einer ausführlichen Beschreibung einer projektorientierten Herangehensweise an die Erarbeitung des Themas (siehe „Themenkiste“ S. 6) folgen drei Kapitel mit konkreten Ideen und Spielen zur Begrüßung und zum Einstieg, zur Körperwahrnehmung und zur Bewegungsförderung.

Jedes dieser Kapitel beginnt mit einer kurzen Einführung, die die entwicklungspsychologischen Hintergründe zusammenfasst und die pädagogische Zielsetzung erläutert. Hier finden Sie auch Impulse zur entwicklungsunterstützenden Raumgestaltung und Hinweise zu Ihrer Rolle als Erzieherin. Daran schließen sich jeweils die Spielideen an, die einzeln herausgegriffen, aber auch miteinander kombiniert und aufeinander aufbauend verwendet werden können.

Eine übersichtliche Randspalte gibt Auskunft über das Thema, die angesprochenen Bildungs- und Kompetenzbereiche. Da in den ersten drei Lebensjahren die Bandbreite der körperlichen und geistigen Fähigkeiten sehr stark variiert, finden Sie auch eine Altersangabe, ab der der Einsatz des jeweiligen Angebots möglich ist. Dabei kann es sich natürlich nur um eine grobe Richtlinie handeln, die Sie den individuellen Fähigkeiten Ihrer Kinder entsprechend anpassen sollten. Bei der Angabe zur empfohlenen Anzahl der beteiligten Kinder wird zwischen Einzelangeboten, Aktivitäten für eine Kleingruppe von drei bis fünf Kindern sowie Aktivitäten für eine Gesamtgruppe von zehn bis zwölf Kindern unterschieden. Schließlich werden noch die für die Aktivität benötigten Materialien aufgelistet.

Eine Besonderheit stellen die Gestaltungsvorlagen (siehe S. 24–27) dar, die kopiert, ggf. farbig gestaltet und laminiert werden können. Sie können bei verschiedensten Aktivitäten als Sprechanlass zum Einsatz kommen.

Ich wünsche Ihnen und Ihren Kindern viel Freude und Spaß beim Erkunden ihres Körpers und viele neue Erfahrungen!

Anja Cantzler

Inhalt

Inhalt

Ideen und Spiele zur Bewegungsförderung

Themenkiste

Als projektorientierte Form, um den eigenen Körper zu entdecken und zu erforschen, bietet sich eine Themenkiste an, die unterschiedliche Spielmaterialien und Anregungen rund um das Thema Körper enthält und nach einem ritualisierten Ablauf regelmäßig im Spielkreis zum Einsatz kommt. Die Themenkiste ist bereits ab einem Alter von etwa 18 Monaten geeignet.

Vorbereitung

Ein stabiler Pappkarton mit Deckel (mind. 40 x 40 x 50 cm) wird außen ansprechend gestaltet. Als Hinweis auf den Inhalt können außen Fotos oder Zeichnungen von Körperteilen aufgeklebt werden. Wird der Kistendeckel auf der Innenseite mit Spiegelfolie ausgekleidet, so kann er auch für Aktivitäten genutzt werden.

Inhalt

Die Themenkiste enthält eine Grundausstattung an Materialien, die Sie für Aktivitäten zum Thema verwenden können, z. B. Bildkarten oder Fotos mit einzelnen Körperteilen, Chiffontücher, verschiedene Bälle und Pinsel, Federn, Watte. Für die übersichtliche Aufbewahrung sind Stoffsäckchen oder kleinere, verzierte Pappschachteln geeignet. Achten Sie darauf, dass alle Materialien in ausreichender Anzahl vorhanden sind. Je nach Bedarf und Schwerpunktsetzung kann die Themenkiste ergänzt oder erweitert werden.

Für die Moderation des Spielkreises können Sie eine Mädchen- oder Jungenhandpuppe verwenden. Selbstverständlich kann die Themenkiste aber auch ohne Handpuppe zum Einsatz kommen.

Durchführung

Einstieg

Setzen Sie sich mit den Kindern in einen Kreis und stellen Sie die Themenkiste in die Kreismitte. Öffnen Sie gemeinsam die Kiste. Zur Begrüßung der Kinder bzw. zum Aufwärmen ist ein Spiel oder Lied aus dem ersten Kapitel dieses Bandes (siehe S. 8–12) geeignet.

Wenn Sie mit einer Handpuppe arbeiten, begrüßt diese nach dem Öffnen der Kiste alle Kinder persönlich mit möglichst immer wiederkehrenden Worten. Die Handpuppe kann immer wieder in den Dialog mit den Kindern treten und in Spiele integriert werden.

Tipps für den Einsatz der Handpuppe

Damit die Kinder zur Handpuppe eine Beziehung aufbauen können, sollte sie einen Namen bekommen, z. B. „Lucy“ oder „Max“. Zu einem späteren Zeitpunkt wird mit Krankheit oder Urlaub als Begründung das geschlechtliche Pendant eingeführt.

Meistens möchten die Kinder die Handpuppe streicheln. Wenn die Handpuppe bisweilen nicht berührt werden will, lernen die Kinder, dass auch sie bei Unbehagen „nein“ sagen dürfen.

Hauptteil

Je nach Alter, Interesse und Ausdauer der Kinder kann diese Phase etwa zehn bis 15 Minuten dauern. Hier können die im Folgenden vorgestellten Ideen und Spiele zur Körperwahrnehmung (siehe S. 14–39) und zur Bewegungsförderung (siehe S. 43–64) zum Einsatz kommen. Dieser Teil sollte möglichst mit einer kurzen Entspannungsphase enden.

Tipp für den Einsatz der Handpuppe

Die Handpuppe kündigt ein Spiel oder Material an, das sie den Kindern mitgebracht hat. Sie „übergibt“ die Durchführung an Sie und zieht sich auf einen Beobachtungsposten zurück.

Ausklang

Für den ritualisierten Abschluss werden alle Materialien gemeinsam wieder in der Kiste verstaut und der Deckel verschlossen. Wenn die Themenkiste für die Kinder nicht sichtbar aufbewahrt wird, bleibt sie etwas Besonderes, auf das sich die Kinder freuen können.

Tipp für den Einsatz der Handpuppe

Die Handpuppe wendet sich an die Kinder: Es hat ihr Spaß gemacht zuzuschauen und sie lobt sie fürs Mitmachen. Bei der Verabschiedung können erneut einzelne Körperteile (z. B. winken, sich umarmen) zum Einsatz kommen. Die Handpuppe krabbelt dann müde in die Kiste zurück.

Begrüßungsspiele und Ideen für den Einstieg

Ein gut strukturierter Tagesablauf ist die Basis für das emotionale Wohlbefinden von Krippenkindern. Bekannte und vertraute Lieder und Spiele haben dabei eine stützende Wirkung, denn nicht nur der tägliche Übergang vom Elternhaus zur Kinderkrippe oder zum Kindergarten muss bewältigt werden, auch darüber hinaus braucht das kleine Kind verlässliche und immer wiederkehrende Orientierungspunkte im Tagesablauf.

Bei Begrüßungsspielen im Morgenkreis beispielsweise, die die Namen der anwesenden Kinder aufgreifen, erhält das Kind ganz nebenbei einen Überblick darüber, wer von den anderen Kindern schon da ist. Dabei wird auch das Wir-Gefühl der Gruppe gestärkt. Die gezielte Ansprache vermittelt jedem Kind, dass es als Person wahrgenommen wird und willkommen ist. Darüber hinaus signalisiert das wiederkehrende Ritual: „Der Tag kann beginnen!“

Ein solches Ritual gibt dem Kind Sicherheit und begegnet dem kindlichen Bedürfnis nach Bindung und Orientierung. Dabei geht es nicht um die Vielfalt und den stetigen Wechsel der einzelnen Spiele. Krippenkinder lernen durch regelmäßige Wiederholung – erst dadurch festigen sich Inhalte und Erfahrungen. Das Kind erlangt Selbstbewusstsein und Selbstbestätigung durch Dinge, die es besonders gut kann. Neues gilt es daher eher dosiert einzusetzen, und zwar immer erst dann, wenn die Kinder das bisherige Spiel sicher beherrschen.

Neben den gemeinsamen Spielkreisen bietet auch die Wickelsituation Gelegenheit, das Kind ritualisiert zu begrüßen und als eigenständige Person wahrzunehmen. Während des Wickelns wird dem Kind eine ungeteilte Aufmerksamkeit und individuelle Zuwendung zuteil, die nicht allein pflegerischen Zwecken gilt – hier findet auch Bildung statt (siehe auch S. 13).

Die in diesem Kapitel vorgestellten Lieder und Spiele greifen nicht nur inhaltlich das Thema „Mein Körper“ auf. Durch die Verknüpfung der Spiele, Lieder und Verse mit Bewegung wird der Körper der Kinder auch aktiv mit einbezogen. Viele der Spiele thematisieren und benennen die verschiedenen Körperteile. Die Krippenkinder erfahren ihren Körper und entdecken, was sie damit alles machen können. Selbstverständlich können Sie die Angebote auch einzeln herausgreifen – ein vom Thema unabhängiger Einsatz der Materialien ist jederzeit möglich.

Als Einstieg und Übergang in ein neues Thema oder eine Bewegungseinheit sind auch Aufwärmspiele geeignet. Zur Vorbereitung auf eine Bewegungsrunde werden dabei die einzelnen Körperteile gelockert und die Muskeln vor weiterer Betätigung aufgewärmt. Da kleine Kinder in der Regel vor einer Bewegungsstunde unterschiedlich lange brauchen, um sich umzuziehen, können die bereits fertig angezogenen Kinder sich schon einmal austoben. Ein Aufwärmspiel, bei dem sich dann alle Kinder sammeln, markiert den Anfang und die Kinder erfahren bei diesem Ritual: „Jetzt geht es los!“

Begrüßen

Guten Tag!

Bei diesem Begrüßungslied, das bei Kindern ab etwa 18 Monaten zum Einsatz kommen kann, erhält jedes Kind einen Augenblick der ganz persönlichen Aufmerksamkeit und die Botschaft „Schön, dass du da bist!".

So geht's:

- Die Kinder sitzen im Sitzkreis (auf einem Stuhl, einem Hocker, einem bunten Kissen oder einer Teppichfliese) und begleiten den Text mit den jeweils genannten Bewegungen.
- Schauen Sie bei jeder Strophe reihum jeweils ein Kind an, nehmen Sie mit ihm Blickkontakt auf, schütteln Sie ihm bei „Guten Tag!" zum Gruß die Hand und nicken Sie ihm zum Ende der Strophe freundlich zu.
- Das Lied wird mit unterschiedlichen Bewegungen solange wiederholt, bis alle Kinder begrüßt wurden.

Text: Anja Cantzler
Melodie: Bruder Jakob

2. Hände klatschen, Hände klatschen …

3. Finger zappeln, Finger zappeln …

4. Füße stampfen, Füße stampfen …

Tipp:

Zur spielerischen Wiederholung und Festigung bereits bekannter Bezeichnungen der Körperteile eignet sich auch das folgende Begrüßungsspiel: Stellen Sie z. B. anhand einer Liste die Anwesenheit der Kinder fest und begleiten Sie dies beispielsweise mit den Worten: „Ist denn auch der (Max) heute da? Und hast du heute auch deine Ohren mitgebracht? Zeig sie mal!" Das angesprochene Kind steht auf und zeigt den genannten Körperteil. Besonderen Spaß macht es, wenn sich alle Kinder im Raum verstecken und, sobald ihr Name genannt wird, mit einem lauten „Hurra" aus ihrem Versteck erscheinen und sich auf ihren Stuhl bzw. Platz setzen.

Ich kann winken

Dieses Begrüßungslied verknüpft Sprache mit Bewegung. Als Besonderheit werden die Personalpronomen „ich", „du" und „wir" erprobt und durch Gesten verdeutlicht. Es ist für Kinder ab etwa 18 Monaten geeignet.

So geht's:

Die Kinder stehen im Kreis und begleiten den Text mit den entsprechenden Gesten.

Text: Anja Cantzler
Melodie: englisches Volkslied (Good Night, Ladies)

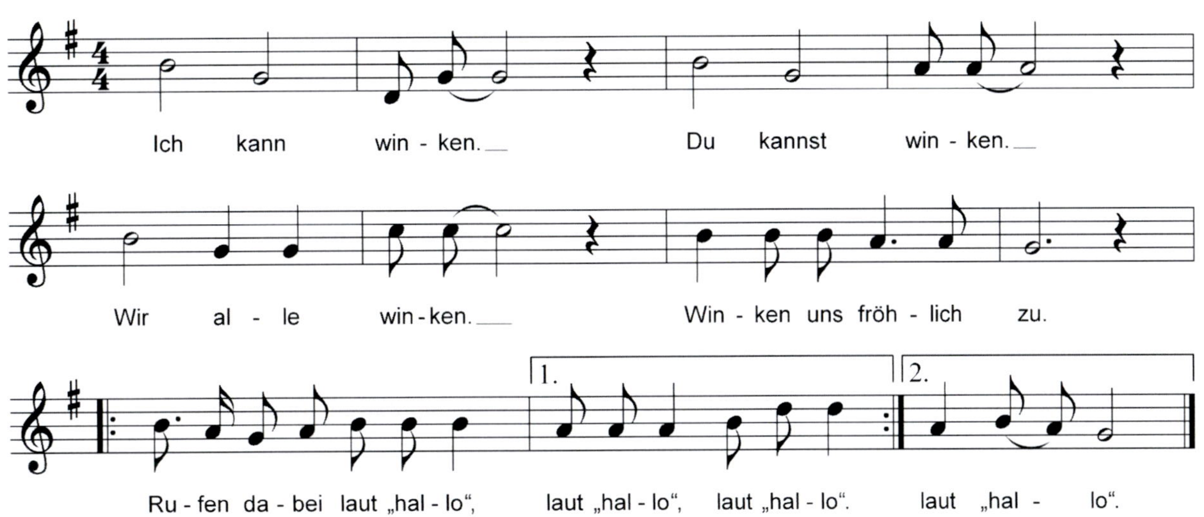

Ich kann winken.	*Jedes Kind zeigt auf sich und winkt.*
Du kannst winken.	*Jedes Kind zeigt auf ein anderes Kind und winkt.*
Wir alle winken.	*Jedes Kind beschreibt einen Kreis mit dem Finger und winkt.*
Winken uns fröhlich zu.	*Alle Kinder winken mit beiden Händen.*
Rufen dabei laut „hallo", …	*Die Kinder rufen laut „hallo".*

Varianten:

- Die lauten Hallo-Rufe können mit „leise flüstern", „schnell rufen" und „langsam rufen" variiert werden.
- Jedes Kind bekommt ein Chiffontuch, mit dem es winkt.
- Andere Bewegungen mit den Händen, z. B. klatschen, schnipsen, schütteln, oder mit dem Körper, z. B. stampfen, hüpfen, nicken, einfügen und umsetzen.

Aufwärmen

Schubidua-Tanz

Musik und Text: Wolfgang Hering/Bernd Meyerholz
Quelle: Kinderlieder zum Einsteigen & Abfahren, Band 2, Voggenreiter Verlag

2. Die dicken Daumen tanzen den Schubidua-Tanz …
   … zeigen sich noch paar Sekunden
   und sind dann ganz verschwunden …

3. Die schweren Schultern tanzen den Schubidua-Tanz …
   … schütteln sich vor Vergnügen
   und bleiben dann müde liegen …

4. Die Ellenbogen tanzen den Schubidua-Tanz …
   … Da werden die Ellenbogen
   ganz weit nach außen gezogen …

5. Die flinken Füße tanzen den Schubidua-Tanz …
   … und aufsteh'n, da bleibt keiner sitzen,
   alle tanzen auf Zehenspitzen …

6. Die heißen Hüften tanzen den Schubidua-Tanz …
   … auf elegante Weise
   dreh'n sie sich im Kreise …

7. Der ganze Körper tanzt den Schubidua-Tanz …
   … lässt sich mit Luft voll laufen
   und darf endlich verschnaufen …

Schubidua-Tanz

Bei diesem Tanz werden viele Körperteile einzeln angesprochen und bewegt. Er eignet sich daher gut als Aufwärmspiel für den Einstieg in das Thema Körper.

So geht's:

- Alle Kinder kennen den Schubidua-Tanz.
- Da jüngere Kinder noch nicht gleichzeitig singen und sich bewegen können, empfiehlt es sich, dass Sie das Lied während der Bewegungen zunächst alleine singen.
- Die Kinder stehen im Kreis und bewegen die einzelnen Körperteile passend zum Text:

1. Die kleinen Finger: Beide Hände mit den Handflächen nach vorne geöffnet vor dem Körper hochhalten und die kleinen Finger im Rhythmus bewegen.
2. Die dicken Daumen: Beide Hände zu Fäusten ballen, wobei nur der Daumen nach oben zeigt und sich zum Rhythmus bewegt.
3. Die schweren Schultern: Beide Schultern im Rhythmus heben und senken bzw. Schulterkreisen in beide Richtungen.
4. Die Ellenbogen: Die angewinkelten Arme vor dem Körper auf und ab bewegen und beim Strophentext auf Schulterhöhe nach außen zur Seite bewegen.
5. Die flinken Füße: Auf der Stelle tanzen und auf Zehenspitzen trippeln.
6. Die heißen Hüften: Mit der Hüfte abwechselnd rechts und links wippen und beim Strophentext einen Beckenkreis drehen.
7. Der ganze Körper: Den ganzen Körper schütteln und auf der Stelle hüpfen.

Variante:

In der Regel ersetzt ein Song aus dem Lautsprecher zwar nicht das selbst gesungene Lied, aber da es bei diesem Tanz in erster Linie um das Aufwärmen zur Musik geht, kann das Lied auch über eine Musik-Plattform aufgerufen und abgespielt werden.

Thema:
Körperteile

Bildungsbereiche:
Sprache, Bewegung

Kompetenzbereiche:
Sprache mit Bewegung verknüpfen, Motorik verfeinern

Alter:
ab 18 Monate

Anzahl:
Klein- oder Gesamtgruppe

Material:
–

Aufwärmen

Meine Hände will ich schütteln

Die Kinder konzentrieren sich beim Schütteln auf die einzelnen Körperteile und wärmen sich dadurch auf. Beim anschließenden Fühlen der Wärme entsteht ein zusätzlicher taktiler Impuls.

So geht's:

- Die Kinder stehen in einem Kreis.
- Sie tragen die erste Strophe vor, strecken Ihre Hände nach vorne und beginnen diese im Rhythmus zu schütteln. Die Kinder machen es Ihnen nach.
- Bei der letzten Textzeile halten die Kinder ihre Hände an die Wangen, um zu spüren, wie warm diese geworden sind.
- Danach werden mit dem entsprechenden Liedtext nacheinander die angegebenen Körperteile geschüttelt. Im Anschluss daran berühren die Kinder jeweils die Körperteile mit den Händen.
- Zum Schluss schütteln die Kinder den ganzen Körper aus.

Text: Anja Cantzler
Melodie: mündlich überliefert

2. Meine Arme will ich schütteln …
3. Meinen Fuß, den will ich schütteln …
4. Meine Beine will ich schütteln …
5. Meine Knie, die will ich schütteln …
6. Meinen Po, den will ich schütteln …
7. Meinen Kopf, den will ich schütteln …

Variante:

Alternativ zu diesem Lied spielen Sie nicht zu schnelle afrikanische oder orientalische Trommelmusik vor, wozu die Kinder im Rhythmus der Trommeln ihre Hände vor dem Körper schütteln. Bei Kindern ab einem Alter von ca. 30 Monaten können Sie den Rhythmus auf einer Handtrommel oder Pauke selbst vorgeben. Spielen Sie einmal etwas schneller und dann wieder langsamer, wobei die Kinder das Schütteln der Körperteile an das jeweilige Tempo anpassen sollen.

Ideen und Spiele zur Körperwahrnehmung

Von Geburt an beschäftigen kleine Kinder existenzielle Fragen: „Wer bin ich?“ und „Was kann ich?“. Aktiv erkunden sie ihren Körper und erproben und entwickeln dabei ihre körperlichen Fähigkeiten.

In den ersten drei Lebensjahren widmen sich Kinder mit großer Ausdauer dem sensomotorischen Spiel, der ersten Form kindlichen Spielens. Sie bestaunen und erforschen zunächst ihren Körper und später auch Gegenstände. Dabei sind häufige Wiederholungen mit kleinen Variationen von großer Wichtigkeit. Für diese intensive Auseinandersetzung mit dem eigenen Körper benötigen Kinder in der Kinderkrippe einen Rückzugsort, wo sie nicht gestört werden. Das kann z. B. ein Kuschelkissen oder eine gemütliche Höhle sein.

Regelmäßige Strampelphasen ohne Kleidung und Windel ermöglichen selbsttätiges Spiel und unterstützen die Entwicklung der Körperwahrnehmung. Nur unbekleidet kann das Kind Körperteile wie z. B. Bauch, Po, Beine und Genitalien überhaupt erreichen und Berührungsreize direkt wahrnehmen. Über die Haut als elementares Tastorgan erhält der Körper wesentliche Impulse, die im Gehirn verarbeitet und gespeichert werden und einen großen Einfluss auf die motorische und sprachliche Entwicklung haben.

Durch den Einzelkontakt mit dem Kind bietet gerade die Wickelzeit zahlreiche Möglichkeiten, dem Kind ein vielfältiges Lern- und Erfahrungsfeld anzubieten. Dabei können Sie das sensomotorische Spiel des Kindes mit Wahrnehmungsspielen, Massagen und verschiedenen Massageutensilien unterstützend aufgreifen und erweitern. Das Wickeln ist eine stark von Intimität und Vertrauen geprägte Situation, bei der durch den Körperkontakt der Bindungsaufbau zwischen Kind und Erzieherin unterstützt wird. Halten Sie daher Blickkontakt und achten Sie darauf, dass dem Kind die Berührungen angenehm sind und es sich wohl fühlt. Manche Kinder haben bestimmte Vorlieben, andere signalisieren bei manchen Berührungen deutlich ihr Unbehagen.

Eine wichtige Grundausstattung von Kinderkrippen sind Spiegel, möglichst so groß, dass das Kind seinen ganzen Körper darin sehen kann und so ein reales Abbild von sich selbst erhält. Spiegel helfen dem Kind, eine Vorstellung von seinem Aussehen zu entwickeln, da es nur hier z. B. das eigene Gesicht und den Rücken überhaupt sehen und Mimik und Gestik erproben kann. Dabei kann es bereits gesammelte taktile Erfahrungen mit visuellen Eindrücken verknüpfen. Im Alter von etwa 18 Monaten kann ein Kind sich schließlich auch selbst im Spiegel erkennen und als Person wahrnehmen.

Ab einem Alter von etwa zwei Jahren stellt die Sauberkeitsentwicklung ein zentrales Thema im Zusammenhang mit der Körperwahrnehmung dar. Dafür ist neben der biologischen Reife eine gute Kenntnis des eigenen Körpers erforderlich, um die Körperfunktionen steuern und kontrollieren zu können. Im Rollenspiel, z. B. beim Wickeln eines Teddys, kann das Kind spielerisch Abläufe und Fertigkeiten einüben, die es für den selbstständigen Toilettengang benötigt.

Ein wichtiges Entwicklungsthema im dritten Lebensjahr ist schließlich die Ausbildung der Ich-Identität in der sogenannten Trotzphase. Das Kind erprobt, was es mit seinem Willen bewirken kann, und testet so Regeln und Grenzen. In diesem Zusammenhang erfolgt im Bereich der Sprachentwicklung ein entscheidender Schritt: Das Kind spricht von sich nicht mehr in der dritten Person mit dem Vornamen, sondern in der Ich-Form.

Die vorgestellten Anregungen zur Unterstützung der Körperwahrnehmung gliedern sich in drei Bereiche:

- Unter der Rubrik „Mein Körper“ finden Sie Ideen, die den ganzen Körper bzw. den Rumpf betreffen oder sich auf die Körpergröße bzw. den Körperumriss beziehen (siehe S. 14–30).
- Im Bereich „Mein Kopf“ stehen die Sinnesorgane des Kopfs und das eigene Spiegelbild im Mittelpunkt (siehe S. 31–35).
- Das Thema „Meine Hände und Füße“ bietet Ihnen zu den Fingern bzw. Händen und Füßen Spiele und Anregungen (siehe S. 36–39).

Mein Körper

Kitzelspiel

Dieses Spiel kann bereits mit Kindern ab sechs Monaten durchgeführt werden und trägt zur Entwicklung der Körperwahrnehmung bei. Der Körperkontakt unterstützt den Bindungsaufbau zwischen Kind und Erzieherin. Das gleichzeitige Benennen und Berühren der Körperteile verknüpft Sprache mit Bewegung – das Kind bringt die Begriffe mit seinem Körper in Verbindung.

So geht's:

Während des Singens berühren Sie das Kind mit den Fingern an den genannten Körperteilen.

Text: Anja Cantzler
Melodie: Bruder Jakob

Meine Finger, meine Finger	*Finger beider Hände zeigen*
krabbeln hin, krabbeln her.	*Finger kreuz und quer in der Luft bewegen*
Kitzeln dich am Bauch,	*mit den Fingern am Bauch kitzeln*
an den Füßen auch.	*mit den Fingern an den Füßen kitzeln*
Das ist nicht schwer	
und gefällt dir sehr.	

Variante:

Anstelle der Füße werden weitere Körperteile, z. B. Ohren oder Zehen, eingesetzt.

Der Pustewind

Für die Entwicklung der Körperwahrnehmung genügt bereits eine leichte Stimulierung von außen, damit das Kind seinen Körper intensiv spüren kann. Durch die Verbindung von Sprache und Berührung lernt es die Begriffe für die einzelnen Körperteile kennen. Diese Spiele sind bereits ab einem Alter von sechs Monaten geeignet.

So geht's:

Pusten Sie jeweils im Anschluss an eine gesprochene Textzeile das Kind an die genannten, unbekleideten Körperteile.

Ein leichter Wind pustet über deinen Bauch.	*zart auf den Bauch pusten*
In dein Gesicht bläst zärtlich er auch.	*sanft ins Gesicht blasen*
Berührt dich sanft an Armen und Beinen.	*nacheinander beide Arme und Beine anpusten*
Zaubert ein Lachen ins Gesicht meines/r Kleinen.	*das Kind fröhlich anlächeln*

Sprechen Sie die Zeile „Peter, Peter Pustewind" jeweils sehr deutlich. Pusten Sie dem Kind nach jedem Vers sanft auf den Bauch. Zum Schluss küssen Sie Ihre Hand und blasen den Kuss zum Kind.

Peter, Peter Pustewind
huscht herbei ganz windgeschwind.
Peter, Peter Pustewind
mit Zärtlichkeit sein Spiel beginnt.
Peter, Peter Pustewind
kitzelt sanft mein Babykind.
Peter, Peter Pustewind
streichelt sacht und leise lind.
Peter, Peter Pustewind
küsst ganz zart mein Babykind.

Text: mündlich überliefert

Mein Körper

Thema:
Körper

Bildungsbereiche:
Sprache, Bewegung

Kompetenzbereiche:
Körperwahrnehmung entwickeln, Feinmotorik verfeinern, Konzentrationsfähigkeit weiterentwickeln

Alter:
ab 6 Monate

Anzahl:
1 Kind

Material:
Erwachsenenhandschuh aus beliebigem Material, verschiedene Schnüre und Bänder (ca. 30–35 cm lang), Nadel, Faden

Der Bänderhandschuh

Der Bänderhandschuh regt die Kinder gleichzeitig zum Schauen und gezielten Greifen an. Auf diese Weise trainieren die Kinder ihre Konzentrationsfähigkeit und die Auge-Hand-Koordination.

Vorbereitung:

Nähen Sie an jeden Finger eines Handschuhs jeweils eine Schnur oder ein farbiges Band so an, dass von jedem Finger jeweils zwei etwa gleich lange Bandenden herabhängen.

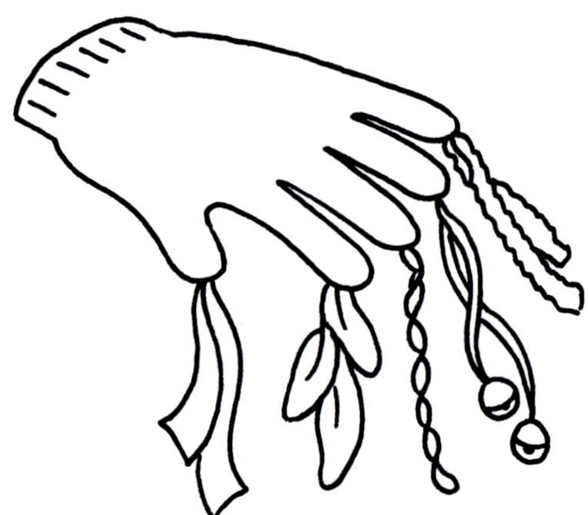

So geht's:

Der Bänderhandschuh kann auf unterschiedliche Weise zum Einsatz kommen:

- Liegt das Kind unbekleidet in Rückenlage auf dem Wickeltisch, so bewegen Sie die Hand mit dem Bänderhandschuh so, dass die Bänder den Körper berühren. Benennen Sie dabei die entsprechenden Körperteile.
- Wenn das Kind in Bauchlage liegt, bewegen Sie den Bänderhandschuh vor seinem Gesicht. Das Kind verfolgt die Bewegungen mit den Augen und greift gezielt nach den Bändern.

Tipp:

Das bekannte Lied „Zehn kleine Zappelmänner" wird in „Fünf kleine Zappelfinger" abgeändert und kann mit dem Bänderhandschuh begleitet werden. Dabei bewegen Sie Ihre Hand hin und her, auf und nieder, rings herum, verstecken die Hand hinter dem Rücken und lassen die Finger wieder hervorkommen.

Variante:

Statt der bunten Bänder können an die einzelnen Finger des Handschuhs kleine Glöckchen genäht werden, die zarte Geräusche von sich geben.

Vielfältige Streichelmassagen

Durch verschiedenste Berührungen nehmen Kleinkinder ihre Umwelt über die Haut wahr. Neben Hautkontakt mittels der Hände und Finger können auch verschiedene Materialien unterschiedlichste taktile Reize auslösen und die Wahrnehmung des eigenen Körpers unterstützen.

So geht's:

- Im Wickelbereich können Sie beispielsweise folgende Materialien für Streichelmassagen einsetzen:
  - mit einem Stück Watte sanft über die Innen- und Außenseiten der Arme streicheln,
  - mit einer farbigen Kunstfeder Hals und Gesicht berühren,
  - mit einem farbigen Chiffontuch den nackten Oberkörper bedecken,
  - mit verschiedenen Pinseln (z. B. Mal-, Rouge- oder Backpinsel) die Fußsohlen kitzeln,
  - einen Tennis- oder Igelball vorsichtig über den Rücken rollen,
  - mit weichen Naturschwämmen einzelne Körperteile betupfen,
  - mit einer kleinen, weichen Lackierrolle an den Beinen auf- und abfahren.
- Für Kinder ab etwa 18 Monaten können Sie eine Kiste mit Materialien zusammenstellen, die in einem Entspannungsbereich für das freie und selbsttätige Spiel zur Verfügung steht. Die Kinder berühren sich mit den verschiedenen Materialien selbst oder gegenseitig. Dabei können sie taktile Erfahrungen machen und lernen verschiedene Materialeigenschaften kennen, wie z. B.:
  - Watte ist weich und lässt sich zusammendrücken.
  - Der Tennisball hat eine raue Oberfläche, der Igelball ist stachelig.
  - Die Borsten eines Backpinsels sind härter als die eines Rougepinsels.

Thema:
Körper

Bildungsbereich:
soziale Beziehungen und Emotionalität

Kompetenzbereich:
Körperwahrnehmung entwickeln

Alter:
ab 6 Monate/ab 18 Monate

Anzahl:
1 Kind, Klein- oder Gesamtgruppe

Material:
siehe nebenstehend

Mein Körper

Meine Feder streichelt dich

Taktile Impulse, z. B. durch eine Feder, unterstützen die Vorstellung des Kindes von seinem Körper und schulen seine Wahrnehmung. Es lernt gleichzeitig Worte und Begriffe kennen, mit denen es seine Körperteile zu einem späteren Zeitpunkt selbst benennen kann.
Das Spiel ist ab einem Alter von sechs Monaten geeignet. Sie benötigen dafür eine farbige Kunstfeder.

So geht's:

Während des Sprechens berühren Sie das Kind mit der Feder an den genannten, unbekleideten Körperteilen.

Meine Feder streichelt dich	*die Feder zeigen*
ganz, ganz zärtlich im Gesicht.	*mit der Feder vorsichtig über das Gesicht streicheln*
Wandert nun den Hals hinunter,	*den Hals mit der Feder berühren*
ist dabei ganz froh und munter.	*mit der Feder vor dem Gesicht des Kindes hin- und herwedeln*
Wandert von der Brust zum Bauch,	*mit der Feder Brust und Bauch berühren*
zurück zur Schulter geht es auch.	*mit der Feder die Schultern berühren*
Begrüßt nun zärtlich den linken Arm	*mit der Feder den linken Arm berühren*
und dann ist auch der rechte dran.	*mit der Feder den rechten Arm berühren*
Springt fröhlich runter nun zum Bein,	
erst links, dann rechts – so soll es sein.	*mit der Feder zuerst das linke und dann das rechte Bein streicheln*
Und zum guten Schluss	*die Feder kurz stillhalten*
streichelt sie links und rechts den Fuß.	*mit der Feder zuerst den linken und dann den rechten Fuß berühren*

Variante:

Dieses Spiel kann statt mit einer Feder auch mit anderen weichen Gegenständen, wie z. B. einem Pinsel oder einem Bänderhandschuh (siehe S. 16), durchgeführt werden.

Rückenmassage

Da das Kind für diese Aktivität frei sitzen können sollte, ist sie je nach Entwicklungsstand des Kindes ab etwa sechs bis acht Monaten geeignet. Bei dieser Massage liegt der Schwerpunkt auf der Wahrnehmung des Rückens, den das Kind in seiner ganzen Größe intensiv spürt und erfährt.

So geht's:

Das Kind sitzt Ihnen mit dem Rücken zugewandt entweder auf dem Schoß oder auf dem Boden.

Meine Hand wandert über deinen Rücken –	*mit der Hand über den Rücken des Kindes streichen*
du genießt es voll Entzücken.	
Von den Schultern bis zum Po,	*mehrmals mit der Hand von oben nach unten und von unten nach oben über den Rücken streichen*
rauf und runter – das geht so.	
Im Kreise reibend rundherum	*mit der Hand mehrere Kreise auf dem Rücken beschreiben*
wandert meine Hand – nicht dumm –	
immer wieder kreuz und quer –	*mit der Hand mehrmals im Wechsel von links oben nach rechts unten und von rechts oben nach links unten streichen*
meiner Hand fällt das nicht schwer.	
Meine Hand ist müde nun,	*die Hand ruhig auf den Rücken legen*
hört auf, um sich auszuruh'n.	

Mein Körper

Thema:
Körperteile

Bildungsbereiche:
Sprache, soziale Beziehungen und Emotionalität

Kompetenzbereiche:
Körperwahrnehmung entwickeln, Körperteile benennen

Alter:
ab 18 Monate

Anzahl:
Klein- oder Gesamtgruppe

Material:
–

Klopfmassage

Kinder, die bereits sitzen und/oder stehen können, werden bei diesem Angebot selbst aktiv und berühren den Vorgaben entsprechend ihre Körperteile selbst. Dabei entscheiden sie, wie stark sie auf die einzelnen Körperteile klopfen möchten.

So geht's:

- Die Kinder ziehen ihre Schuhe aus, sodass sie nur Strümpfe tragen oder barfuß sind.
- Setzen oder stellen Sie sich mit den Kindern in einen Kreis.
- Berühren Sie nun mit leichten Klopfbewegungen der Hände Ihren Körper und benennen Sie dabei jeweils die entsprechenden Körperteile:
  - Beginnen Sie bei den Füßen und wandern Sie dann über die Vorder- und Rückseite der Beine langsam zum Po.
  - Als Nächstes berühren Sie mit sanften Klopfbewegungen den Bauch, die Brust und – soweit möglich – den Rücken.
  - Eine Hand klopft dann den gegenüberliegenden Arm von den Fingern zum Oberarm hin ab und anschließend erfolgt Seitenwechsel.
  - Zum Abschluss trippeln die Fingerspitzen über das Gesicht und enden auf dem Kopf.
- Laden Sie die Kinder ein, die Klopfbewegungen an ihrem eigenen Körper mitzumachen.

Tipp:

Diese Übung eignet sich auch als Einstiegsspiel, indem die Kinder ihren Körper „wach klopfen“. Sie können die Kinder selbst wählen lassen, welcher Körperteil als nächster aufgeweckt werden soll.

Cremetopf-Party

Das Eincremen des eigenen Körpers stellt eine ganzheitliche taktile Erfahrung dar. Dabei nehmen die Kinder ihren Körper und die einzelnen Körperteile intensiv wahr.

So geht's:

- In einem gut beheizten Raum sitzen die Kinder nur mit Windeln bekleidet auf der bequemen Unterlage.
- Stellen Sie ihnen mehrere Dosen mit verschiedenen Cremes zur Verfügung, mit denen die Kinder sich selbst oder gegenseitig einreiben können. Vielleicht wollen sie auch die Unterlage damit eincremen.
- Erfahrungsgemäß möchten manche Kinder zuerst beobachten, bevor sie sich selbst trauen mitzumachen.
- Wenn einzelne Kinder nicht mitmachen möchten, können Sie sie ermutigen und mit ihnen gemeinsam zunächst vorsichtig nur eine Hand oder einen Fuß eincremen. Die Teilnahme ist jedem Kind selbstverständlich freigestellt.
- Im Anschluss an diese Aktion werden die Kinder in der Badewanne gereinigt.

Varianten:

- Alternativ können Sie zum Eincremen auch parfümfreien Rasierschaum anbieten.
- Mit Rasierschaum oder Fingerfarben können die Kinder auch in einem Planschbecken, auf einer stabilen Folie oder auf einem auf dem Boden liegenden Spiegel malen und matschen.
- Für Kinder, die bereits stehen können, werden an der Wand montierte Spiegel oder Plexiglasscheiben angeboten.

Thema:
Körper

Bildungsbereich:
soziale Beziehungen und Emotionalität

Kompetenzbereich:
Körperwahrnehmung entwickeln

Alter:
ab 12 Monate

Anzahl:
1 Kind oder Kleingruppe

Material:
bequeme, strapazierfähige bzw. abwischbare Unterlage, z.B. eine mit Folie oder Spannbetttuch umspannte Turnmatte, mehrere parfümfreie Cremes

Achtung!
Klären Sie im Vorfeld mit den Eltern mögliche Allergien der Kinder ab.

Mein Körper

Thema:
Körperteile

Bildungsbereiche:
Sprache, soziale Beziehungen und Emotionalität

Kompetenzbereiche:
Körperwahrnehmung entwickeln, Körperteile benennen

Alter:
ab 24 Monate

Anzahl:
Klein- oder Gesamtgruppe

Material:
Decke, mehrere kleine Kirschkern- oder Sandsäckchen

Ich spüre meinen Körper

Dieses Spiel regt den Stellungssinn an, sodass die Kinder ihren Körper intensiv wahrnehmen können. Als Teil des kinästhetischen Systems gibt der Stellungssinn dem Gehirn Auskunft darüber, wo sich die einzelnen Körperteile befinden, auch wenn der Sehsinn nicht beteiligt ist.

So geht's:

- Am Boden wird eine Decke ausgebreitet, auf die sich ein Kind bäuchlings oder rücklings legt. Die anderen Kinder sitzen im Kreis um die Decke herum.
- Geben Sie nun einem Kind eine Anweisung, z. B.: „Lege ein Säckchen auf einen Arm!“
- Dieses Kind legt nun ein Kirschkern- oder Sandsäckchen auf einen Arm des liegenden Kindes. Es sollte sich nun in Ruhe eine kurze Zeit auf das kleine Gewicht auf seinem Körper konzentrieren können.
- Sie geben nun die nächste Anweisung und ein anderes Kind legt ein Säckchen auf den entsprechenden Körperteil. Je nach Ausdauer des liegenden Kindes kann dies drei- bis fünfmal durchgeführt werden.
- Zum Schluss werden alle Säckchen entfernt und ein anderes Kind ist an der Reihe und legt sich auf die Decke.

Mein Körper

Zur Einführung, Wiederholung oder Festigung der einzelnen Körperteile können Bildkarten zu Körperteilen (Seite 24–27) zum Einsatz kommen. Passen Sie die Anzahl der Karten dem Entwicklungsstand des einzelnen Kindes an.

Vorbereitung:

Kleben Sie die Gestaltungsvorlagen auf den Pappkarton, schneiden Sie die Kärtchen aus. Um die betreffenden Körperteile genau erkennen zu können, empfiehlt es sich, die Pfeile farbig zu gestalten. Zur besseren Haltbarkeit können sie noch mit Buchfolie überzogen oder laminiert werden. Wenn Sie die Karten in einem Stoffsäckchen o. Ä. aufbewahren, kann dieses zugleich für die Aktivität verwendet werden.

So geht's:

- Alle Kärtchen befinden sich in einem Säckchen. Lassen Sie nun ein Kind eine Karte aus dem Säckchen ziehen und gut sichtbar vor sich halten.
- Die Kinder benennen den gezeigten Körperteil mit dem entsprechenden Begriff und zeigen ihn an ihrem eigenen Körper.
- Als weitere Aktivitäten sind denkbar:
  - Die Kinder führen zu den Körperteilen passende Bewegungen vor, z. B. mit den Augen zwinkern, mit der Hand winken, mit den Zehen wackeln.
  - Die Kinder überlegen, ob und falls ja, welche Geräusche sie mit den Körperteilen machen können, z. B. mit dem Mund küssen, schmatzen, pfeifen, die Hände aneinanderreiben oder mit den Händen klatschen, mit dem Fuß stampfen.
- Je nach Interessenslage der Kinder kann auch die Anzahl der Körperteile pro Körper genannt werden, z. B. eine Nase, zwei Augen, fünf Zehen an einem Fuß, viele Haare.

Varianten:

- Wenn Sie die Gestaltungsvorlagen je zweimal kopieren und so die Anzahl der Kärtchen verdoppeln, können die Kinder damit das bekannte Spiel Memory spielen. Für den Einstieg empfiehlt sich eine vereinfachte Spielvariante, bei der nur eines der beiden nicht passenden Kärtchen wieder verdeckt wird. Sobald das offen liegende Kärtchen zu einem umgedrehten Kärtchen passt, darf es genommen werden.
- Alternativ zu den Bildern der Gestaltungsvorlagen können Sie auch selbst angefertigte Fotos der Körperteile einzelner Kinder verwenden. Stellen Sie dann daraus, wie oben beschrieben, Kärtchen her.

Thema:
Körperteile

Bildungsbereiche:
Sprache, soziale Beziehungen und Emotionalität

Kompetenzbereiche:
Körperwahrnehmung entwickeln, Merkfähigkeit schulen, Motive einander zuordnen

Alter:
ab 24 Monate

Anzahl:
1 Kind oder Kleingruppe

Material:
Kopie der Gestaltungsvorlagen (S. 24–27), fester Pappkarton, selbstklebende Buchfolie, evtl. Laminiergerät mit entsprechenden Folien, Stoffsäckchen mit Schleifenband o. Ä.

Mein Körper

Gestaltungsvorlage: Bildkarten „Mein Körper"

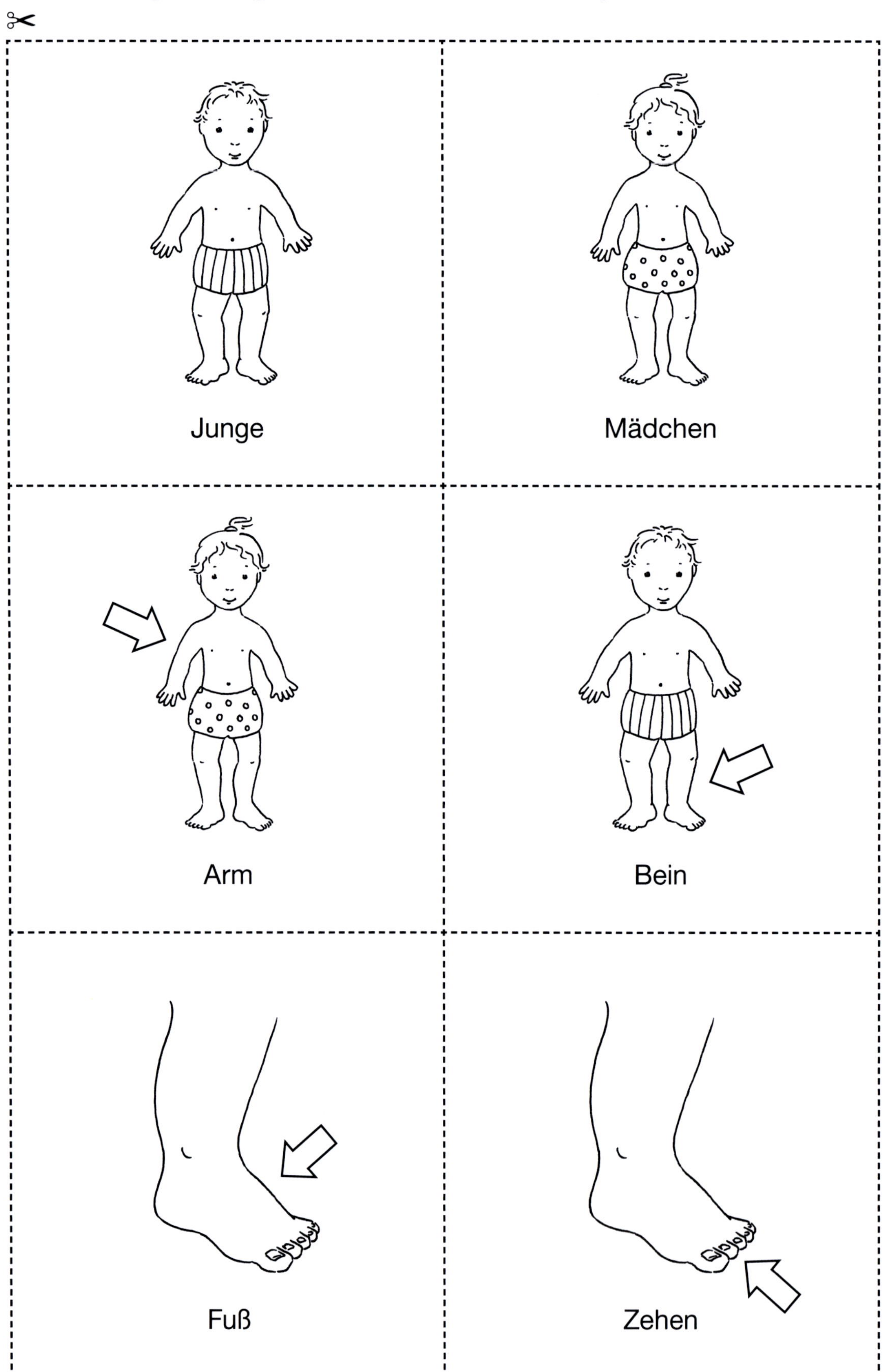

Gestaltungsvorlage: Bildkarten „Mein Körper"

✂

Kopf	Auge
Nase	Mund
Ohr	Haare

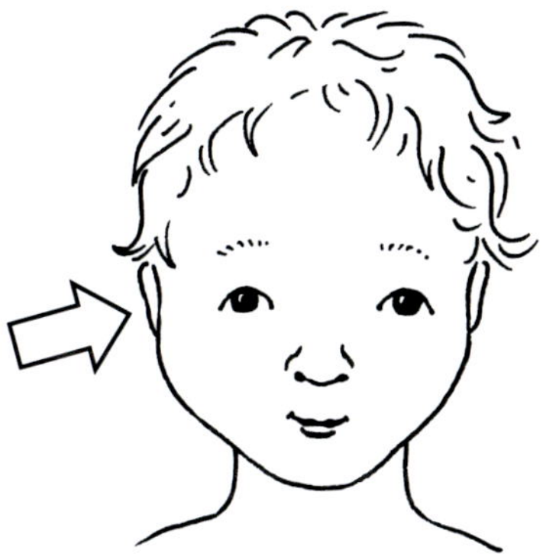

Gestaltungsvorlage: Bildkarten „Mein Körper“

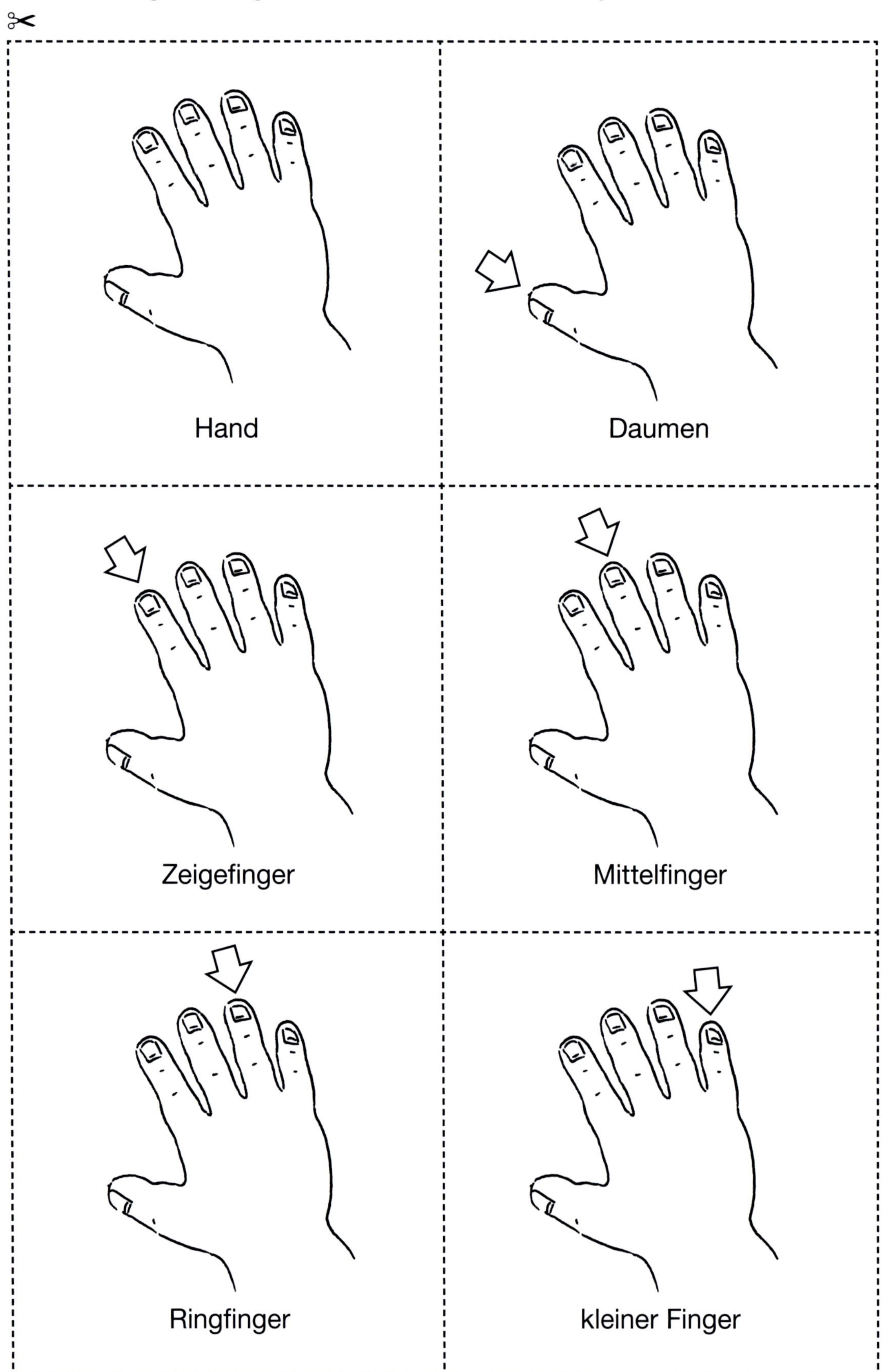

Gestaltungsvorlage: Bildkarten „Mein Körper"

Mein Körper

Körper-Mitmachgeschichte

Das leichte Beklopfen der einzelnen Körperteile unterstützt die ganzheitliche Körperwahrnehmung. Die Geschichte kann ab einem Alter von etwa zwei Jahren zum Einsatz kommen.

So geht's:

- Stellen Sie sich mit den Kindern locker und entspannt mit hängenden Armen im Kreis auf.
- Sprechen Sie langsam den Text und setzen Sie gemeinsam die im Text genannten Bewegungen um.

Vom Kopf bis zu den Füßen	*mit dem Zeigefinger auf den Kopf und die Füße zeigen*
wollen meine Hände meinen Körper begrüßen.	*Hände zeigen und damit winken*
Zuerst beugen sie sich hinunter	*sich mit dem Oberkörper nach vorne hinunterbeugen*
und begrüßen die Füße munter.	*mit den Händen die Füße berühren*
Sie klopfen auf beide – nanu:	*leicht auf beide Füße klopfen*
Die Füße stampfen laut dazu.	*mit beiden Füßen stampfen*
Dann gehen die Hände weiter rauf,	*mit den Händen klopfend über die Unterschenkel nach oben wandern*
steigen klopfend die Waden und Beine hinauf.	
Begrüßen die Knie mit lautem „Hallo!“.	*beide Knie streicheln und „hallo“ rufen*
Dann geht es weiter zum Po,	*mit den Händen klopfend über die Oberschenkel nach oben wandern und einmal auf den Po patschen*
der schüttelt sich lustig und froh –	*mit dem Po wackeln*
und der Bauch macht's ebenso.	*mit dem Bauch wackeln*
Über Brust und Schultern bis zum Rücken,	*mit den Händen auf den Oberkörper und die Schultern klopfen*
der kann sich recken und auch bücken.	*sich recken und nach unten bücken*
Langsam richtet er sich wieder auf.	*sich langsam wieder aufrichten*
Die Hände wandern noch weiter hinauf:	*mit den Händen weiter nach oben wandern*
über Hals und Nacken zum Gesicht,	*mit den Händen leicht klopfend über Hals und Nacken zum Gesicht wandern*
denn am Kopf, da waren sie noch nicht.	*leicht auf den Kopf klopfen*
Streicheln zärtlich über die Haare nun,	*mit den Händen über die Haare streichen*
kehren über die Arme zurück, um nichts mehr zu tun.	*die Hände beklopfen den jeweils anderen Arm von der Schulter zur Hand, bis die Kinder zum Schluss mit herabhängenden Armen ruhig dastehen*

Die Messlatte

An einer gut sichtbaren Stelle im Gruppenraum, im Flur, im Bereich der Garderobe oder im Waschraum zeigt diese Messlatte den Kindern ihre Größe. Über einen längeren Zeitraum hinweg können sie damit ihr Wachstum verfolgen.

Vorbereitung:

Kleben Sie auf das Holzbrett ein Maßband und befestigen Sie die Messlatte anschließend an der Wand. Falls eine Messlatte von einem Meter Länge nicht ausreicht, können Sie das Holzbrett 10–20 cm oberhalb des Bodens an der Wand befestigen und das Maßband entsprechend anpassen.

So geht's:

- Jedes Kind erhält einen farbigen Pfeil (siehe unten) mit seinem Foto, möglichst mit selbstklebender Buchfolie oder Laminierfolie überzogen.
- Nun stellt sich jedes Kind gerade an die Messlatte und Sie ermitteln seine Körpergröße. Die entsprechende Stelle wird mit dem Pfeil markiert, der mit Klebeknete neben dem Maßband befestigt wird.
- Die Körpermessung sollte regelmäßig, z. B. alle vier oder sechs Wochen wiederholt werden. Wenn der Pfeil mit dem Bild dann höher gesetzt wird, macht das Kind die Erfahrung, dass sein Körper wächst und dass es größer geworden ist.

Variante:

Wenn Sie die Längenskala im Zentimeterabstand mit einem Stift oder Pinsel auf das Holzbrett aufzeichnen möchten, beginnen Sie mit 50 cm und befestigen Sie das Brett anschließend entsprechend höher an der Wand.

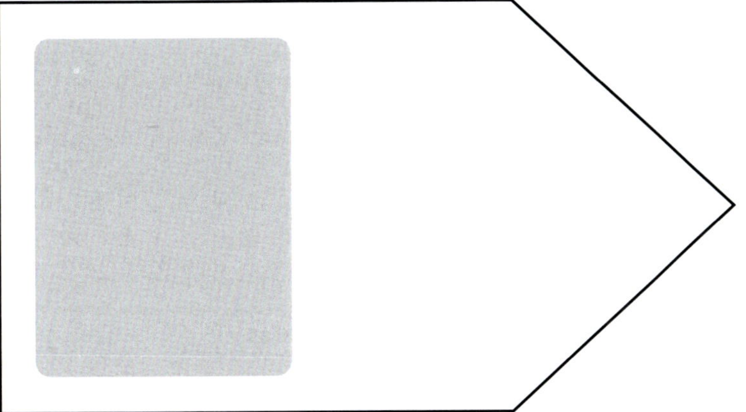

Thema:
Körpergröße

Bildungsbereiche:
Sprache, soziale Beziehungen und Emotionalität, mathematische Grunderfahrungen

Kompetenzbereich:
Körperwahrnehmung entwickeln

Alter:
ab 18 Monate

Anzahl:
1 Kind oder Kleingruppe

Material:
Holzbrett ca. 10 x 120 cm, Maßband (1 m Länge, aus dem Möbelhaus), Klebstoff, selbstklebende Buchfolie oder Laminiergerät mit Folie, Klebeknete

Material pro Kind:
Pfeil aus farbigem Tonkarton (siehe Muster), Foto in Passbildgröße (ca. 3,5 x 4,5 cm)

Mein Körper

Thema:
Körperschema

Bildungsbereiche:
Sprache, soziale Beziehungen und Emotionalität

Kompetenzbereiche:
Körperwahrnehmung entwickeln, Feinmotorik verfeinern

Alter:
ab 24 Monate

Anzahl:
1 Kind oder Kleingruppe

Material:
breite Tapetenrolle, dicke Filzstifte, Schere

Mein Körperumriss

Um einen Eindruck von ihrem Körper zu bekommen, gestalten die Kinder einen Körperumriss, anhand dessen sie einzelne Körperteile benennen können.

So geht's:

- Die Tapetenrolle wird auf dem Boden ausgerollt.
- Ein Kind legt sich ausgestreckt auf dem Rücken auf das Papier, wobei die Arme und Beine leicht vom Körper abgespreizt werden.
- Sie oder ein anderes Kind fahren nun mit einem dicken Filzstift den Umriss des Kindes möglichst nah am Körper nach, sodass man den Kopf, den Rumpf, die Beine und Arme, eventuell sogar die Hände mit den einzelnen Fingern erkennen kann.
- Dieser Körperumriss wird anschließend ausgeschnitten, mit dem Namen des entsprechenden Kindes versehen und an die Wand gehängt.

Tipp:

Die Kinder können ihren Körperumriss mit Fingerfarben nach Belieben gestalten, z. B. mit Gesicht oder Kleidung.

Variante:

Wenn die Kinder sich ausgiebig mit ihrem eigenen Körperumriss mit allen Gliedmaßen auseinandergesetzt haben, können Sie ihnen (ab ca. 36 Monaten) vorschlagen, die Arme beispielsweise hinter ihrem Kopf oder auf ihrem Bauch zu verschränken – dabei entstehen ungewöhnliche, individuelle Körperumrisse.

Mein Kopf ist rund

Anhand dieses Spiels, das ab 18 Monaten zum Einsatz kommen kann, entwickeln die Kinder eine Vorstellung vom Aussehen ihres Kopfes und verfeinern zugleich ihre Feinmotorik. Durch die Verknüpfung von Sprache und Bewegung lernen sie spielerisch die Begriffe der Teile ihres Kopfes und der Sinnesorgane kennen.

So geht's:

- Die Kinder sitzen in der Klein- oder Gesamtgruppe mit Ihnen auf dem Boden im Kreis, sodass sich alle gut sehen können.
- Sie sprechen den Text und führen dabei die entsprechenden Gesten vor.
- Beim wiederholten Sprechen machen die Kinder nach und nach die Gesten mit.

Mein Kopf ist rund, mein Kopf ist rund,	*mit dem Finger wird ein Kreis um das eigene Gesicht herum gemalt*
mit zwei Augen, Nase, Mund.	*mit dem Finger nacheinander auf Augen, Nase und Mund zeigen*
Zwei Ohren sind zum Hören dran	*mit dem Finger das linke und das rechte Ohr berühren*
und Haare, die ich kämmen kann.	*sich mit gespreizten Fingern durch das Haar kämmen*

Tipp:

Für jüngere Kinder kann zunächst ein Spiegel dabei helfen, auf die einzelnen Teile des Kopfes zu zeigen.

Mein Kopf

Die Zähne

Dieses Spiel rückt die Zähne in den Mittelpunkt der Aufmerksamkeit und dient der Schulung der Mundmotorik. Zugleich werden die Kinder dafür sensibilisiert, dass das Zähneputzen ein wichtiger Teil der Körperpflege ist und zur Gesundheit des Körpers beiträgt. Das Spiel kann ab einem Alter von etwa 18 Monaten zum Einsatz kommen.

So geht's:

- Die Kinder sitzen in der Klein- oder Gesamtgruppe mit Ihnen auf dem Boden im Kreis, sodass sich alle gut sehen können.
- Sie sprechen den Text und stellen jeweils im Anschluss an eine Zeile die entsprechende Mundbewegung vor. Die Kinder ahmen die Mundbewegungen nach.
- Nach einiger Zeit sprechen Sie langsam nur den Text und die Kinder machen die Mundbewegungen selbstständig dazu.

In meinem Mund, da hab ich Zähne,	*den Mund öffnen und die Zähne zeigen*
die man gut sieht, wenn ich gähne.	*den Mund weit öffnen und dabei die Arme nach oben recken*
Sie kauen jedes Essen klein –	*mit dem Mund deutliche Kaubewegungen machen*
das machen sie wirklich fein!	
Ich putze sie gründlich mit der Bürste im Mund,	*mit einer imaginären Zahnbürste vor dem Mund Putzbewegungen ausführen*
damit sie sauber bleiben und gesund.	
Meine Zähne sind der Hit.	*den Mund öffnen und die Zähne mit einem strahlenden Lächeln zeigen*
Machst du auch beim Putzen mit?	*mit dem Zeigefinger auf ein anderes Kind zeigen*

Zungenspiel

Dieses Spiel für Kinder ab etwa 18 Monaten unterstützt die Ausbildung der Zungen- und Mundmotorik, die ein wesentlicher Bestandteil für die Sprachentwicklung ist.

So geht's:

- Die Kinder sitzen in der Klein- oder Gesamtgruppe mit Ihnen auf dem Boden im Kreis, sodass sich alle gut sehen können.
- Sprechen Sie den Text sehr deutlich und führen Sie jeweils im Anschluss an eine Zeile die Mundbewegung etwas übertrieben vor. Das erleichtert den Kindern das Nachahmen.
- Nach einiger Zeit sprechen Sie langsam den Text und die Kinder machen die Mundbewegungen selbstständig dazu.

Ei der Daus, ei der Daus,	*Zeigefinger nach oben strecken und „Achtung" signalisieren*
die Zunge schaut zum Mund heraus!	*Zunge herausstrecken*
Schaut nach rechts und links wie ein Hase,	*die Zunge außen sichtbar vom rechten in den linken Mundwinkel schieben*
macht sich ganz lang bis zur Nase,	*Zunge nach oben strecken und die Nasenspitze zu berühren versuchen*
reckt sich nach unten bis zum Kinn,	*Zunge nach unten Richtung Kinn strecken*
erschrickt – und ist im Mund wieder drin.	*Mund schließen*
Ei der Daus, ei der Daus,	*Zeigefinger nach oben strecken und „Achtung" signalisieren*
da schaut sie mutig wieder raus!	*Zunge wieder herausstrecken*
Jetzt leckt sie mehrmals rund,	*mit der Zunge die Lippen mehrmals im Kreis ablecken*
damit sauber ist der Mund.	
Dann versteckt sie schnell sich wieder,	*Mund wieder schließen*
tanzt – und singt lustige Lieder.	*die Zunge im geschlossenen Mund bewegen, dazu mit geschlossenem Mund zu summen versuchen*
Schließlich legt zum Schlafen sie sich nieder. –	*bei geschlossenem Mund Schnarchtöne durch die Nase machen*
Horch!	*eine Hand zum Lauschen ans Ohr legen*

Mein Kopf

Thema:
Ich-Identität

Bildungsbereiche:
soziale Beziehungen und Emotionalität, Bewegung

Kompetenzbereiche:
visuelle Wahrnehmung und Ich-Identität entwickeln, Feinmotorik verfeinern

Alter:
ab 12 Monate

Anzahl:
1 Kind

Material:
eine ovale, runde oder viereckige Käsepappschachtel mit Deckel, buntes Transparentpapier, Geschenkpapierreste, selbstklebende Hologrammfolie oder Dekorfolie, Kleister, selbstklebende Spiegelfolie

Zauberdose

Beim Öffnen und Schließen dieses Spielmaterials schulen die Kinder ihre Feinmotorik. Darüber hinaus werden sie dabei unterstützt, ein erstes Bewusstsein von sich selbst zu entwickeln.

Vorbereitung:

Gestalten und bekleben Sie die beiden Hälften der Schachtel außen mit bunten Transparentpapierschnipseln, Geschenkpapierresten oder Hologrammfolie. Das Innere der beiden Schachtelhälften wird jeweils mit Spiegelfolie beklebt.

So geht's:

- Bieten Sie die Zauberdose den Kindern im freien Spiel an, damit sie selbsttätig damit agieren können und die Schachtel öffnen und schließen.
- Wenn die Kinder die Schachtel geöffnet haben, können Sie sie eventuell darauf aufmerksam machen, dass sie im Inneren ihr eigenes Gesicht entdecken können.

Tipp:

Ab einem Alter von etwa 18 Monaten können Sie die Kinder beim Bekleben und Gestalten der Schachteln beteiligen.

Mein Spiegelbild

Auf Augenhöhe der Kinder angebracht, kann dieser individuell gestaltete Spiegel ein attraktives Raumelement in der Garderobe oder im Waschraum sein. Der Rahmen lädt ein, die eigenen Körperteile zu entdecken und zu benennen.

So geht's:

- Zunächst wird der Holzrahmen des Bilderrahmens mit einer Farbe gleichmäßig grundiert.
- Nach dem Trocknen der Farbe wird die Spiegelfliese mit doppelseitigem Klebeband in den Rahmen eingeklebt.
- Die Fotos des Kindes werden in Teile geschnitten, z. B. Nase, Ohren, Mund, Augen.
- Die Bilder werden auf dem Rahmen beliebig angeordnet und schließlich aufgeklebt.

Variante:

Zusätzlich zu den einzelnen Teilen des Kopfes können Sie Fotos weiterer Körperteile, z. B. Hände, Bauch, Füße, anfertigen, die auf den Bilderrahmen geklebt werden.

Tipps:

- Beim Erstellen des Rahmens können Sie die Eltern mit einbeziehen.
- Dieser Rahmen eignet sich auch als individuelles Abschiedsgeschenk zum Ende der Kinderkrippenzeit oder für andere Anlässe.

Thema:
Körperteile

Bildungsbereiche:
Sprache, soziale Beziehungen und Emotionalität

Kompetenzbereiche:
visuelle Wahrnehmung und Ich-Identität entwickeln, Körperteile benennen

Alter:
ab 18 Monate

Anzahl:
1 Kind

Material:
Plakat- oder Acrylfarben, Pinsel, doppelseitiges Klebeband, Schere, Klebstoff

Material pro Kind:
quadratischer Bilderrahmen aus Naturholz mit breitem Rand, quadratische Spiegelfliese (ca. 15–20 cm Seitenlänge, aus Baumarkt oder Möbelhaus), Fotos von verschiedenen Körperteilen

Meine Hände und Füße

Thema:
Hände und Füße

Bildungsbereich:
soziale Beziehungen und Emotionalität

Kompetenzbereich:
Körperwahrnehmung entwickeln

Alter:
ab 6 Monate

Anzahl:
1 Kind oder Kleingruppe

Material:
parfümfreies Massageöl,
Kosmetiktücher,
evtl. Entspannungsmusik

Achtung!
Klären Sie im Vorfeld mit den Eltern mögliche Allergien der Kinder ab.

Hand- und Fußmassage

Kleine Kinder lieben es, ihren Körper zu spüren und zu entdecken. Eine Massage mit sanften Berührungen von Händen und Füßen trägt zur Entwicklung des Empfindungsvermögens bei und unterstützt zugleich den Bindungsaufbau zwischen Erzieherin und Kind.

So geht's:

- Geben Sie etwas Massageöl auf Ihre Hand, nehmen Sie eine Hand des Kindes und halten Sie diese mit der Handfläche nach oben.
- Massieren Sie vorsichtig die Hand des Kindes: Beginnen Sie mit leicht kreisenden Bewegungen in der Handmitte und reiben Sie dann einen Finger nach dem anderen sanft von der Handfläche zur Fingerspitze hin.
- Halten Sie während der Massage Blickkontakt mit dem Kind und begleiten Sie Ihr Tun mit sanften Worten, z. B.:
  „Ich male dir eine kleine Sonne auf deine Hand – immer im Kreis herum.
  Merkst du, wie schön warm die Sonne ist?
  Und nun kommen deine Finger an die Reihe:
  Zuerst der dicke Daumen – er wird auch ganz warm,
  dann der Zeigefinger …"
- Führen Sie die Massage anschließend auf die gleiche Weise an der anderen Hand durch.
- Auf ähnliche Weise verfahren Sie mit der Massage der nackten Füße, z. B. beim Wickeln: Beginnen Sie mit kreisenden Bewegungen in der Mitte der Fußsohle, reiben Sie dann über die Ferse zum Fußrücken und berühren Sie schließlich die einzelnen Zehen.
- Überschüssige Ölreste können Sie mit Kosmetiktüchern beseitigen.

Variante:

Als Variante kann dies mit Kindern ab 24 Monaten auch in einer Kleingruppe in einem gemütlichen Raum mit leiser Entspannungsmusik durchgeführt werden. Hierbei massieren immer zwei Kinder sich gegenseitig die Hände oder jedes Kind versucht es bei sich selbst.

Die Finger

Diese Fingerspiele können ab einem Alter von 18 Monaten eingesetzt werden. Sie lenken die Aufmerksamkeit auf eine Hand und führen die Bezeichnungen der einzelnen Finger ein. Gleichzeitig wird die Mengenerfassung der Zahl fünf angebahnt.

Fünf Finger

So geht's:

- Sprechen Sie den Text und führen Sie die entsprechenden Bewegungen mit Ihrer Hand vor.
- Die Kinder ahmen die Bewegungen mit ihren Händen nach.
- Anschließend wird das Fingerspiel nochmals mit der anderen Hand durchgeführt, damit beide Hände berücksichtigt werden.

Fünf Finger sind an meiner Hand,	*eine Hand zeigen und mit den Fingern zappeln*
weiß jedes Kind in unserm Land.	
Der Kleine sagt zuerst „hallo“,	*auf den kleinen Finger zeigen und diesen bewegen*
der Ringfinger dann ebenso.	*auf den Ringfinger zeigen und diesen bewegen*
Der Mittlere ist ein langer Mann,	*den Mittelfinger mit der anderen Hand „lang ziehen“*
mit dem nächsten dann ich zeigen kann.	*mit dem Zeigefinger auf ein Kind zeigen*
Der Daumen versucht sich lang zu strecken,	*den Daumen ganz lang strecken*
bevor sich alle fünf verstecken.	*die Hand hinter dem Rücken verstecken*

Meine Finger

So geht's:

- Während das folgende Lied nach der Melodie von „Bruder Jakob“ (siehe S. 8) gesungen wird, macht der jeweilige Finger im Rhythmus der Melodie eine Winkbewegung, also z. B. wackeln oder abknicken.
- Nacheinander werden die anderen Finger in den Text eingesetzt und bewegt. Die besondere Herausforderung besteht darin, den jeweiligen Finger möglichst unabhängig von den übrigen Fingern zu bewegen.

1. Kleiner Finger, kleiner Finger,
   wink mir zu, wink mir zu.
   Mach nur immer weiter, mach nur immer weiter.
   Immerzu, immerzu.
2. Ringfinger, Ringfinger …
3. Mittelfinger, Mittelfinger …
4. Zeigefinger, Zeigefinger …
5. Dicker Daumen, dicker Daumen …

Meine Hände und Füße

Mein Fuß

Diese Aktivität kann im Rahmen des Strümpfeanziehens, z. B. nach dem Wickeln oder Schlafen, durchgeführt werden. Im Mittelpunkt steht das Kennenlernen des Fußes mit Ferse und Zehen und die Verfeinerung der Zehenmotorik. Ganz nebenbei wird die Mengenerfassung der Zahl fünf vorbereitet.

So geht's:

- Sprechen Sie den Text und berühren Sie passend zum Text den Fuß und die Zehen der Kinder.
- Zum Schluss wird über den ganzen Fuß ein Socken bzw. Strumpf gezogen.

Mit den Füßen kann ich gehen	*die Füße wie beim Gehen von der Ferse zu den Zehen auf Ihrer Handfläche abrollen*
von der Ferse zu den Zehen.	*die Ferse und die Zehen berühren*
Es sind fünf Zeh'n an jedem Fuße dran,	*auf die Zehen zeigen*
mit denen ich munter zappeln kann.	*mit den Zehen kräftig zappeln*
Eins, zwei, drei und vier und fünf!	*jeden einzelnen Zeh mit dem Finger berühren*
Dann zieh ich wieder an die Strümpf!	*einen Strumpf anziehen – eventuell nur pantomimisch*

Variante:

Ab einem Alter von ca. 18 Monaten können die Kinder im Sitzkreis die entsprechenden Gesten selbst mit bzw. an ihren Füßen durchführen. Dafür ziehen sie zuvor Schuhe und Strümpfe aus.

Hand- und Fußabdrücke

Wenn die Kinder von ihren Händen und Füßen Abdrücke erstellen, erhalten sie Abbilder ihrer Körperteile, die sie für vielfältige Aktivitäten nutzen können. Durch das Spüren der kalten, feuchten Farbe auf ihrer Haut machen sie neue taktile Erfahrungen.

So geht's:

- Bemalen Sie mit einem Pinsel die Innenfläche der Hand eines Kindes gleichmäßig mit Fingerfarbe.
- Das Kind legt die Hand nun mit ausgestreckten Fingern auf Tonkarton und erstellt so einen Abdruck.
- Auf die gleiche Weise werden Abdrücke der zweiten Hand und der beiden nackten Füße erstellt.
- Die einzelnen Hand- und Fußabdrücke werden nach dem Trocknen ggf. auf eine einheitliche Kartengröße (z. B. 15 x 15 cm) zugeschnitten und laminiert.
- Die Kinder vermischen ihre Karten mit den Hand- und Fußabdrücken und bilden anschließend wieder zusammengehörende Hand- bzw. Fußpaare.

Varianten:

- Wenn die Kinder Abdrücke ihrer einzelnen Finger herstellen, können sie diese ihrem Handabdruck zuordnen.
- Erstellen Sie zusätzlich zu den Abdrücken Fotos, die die Hände, Füße und ggf. einzelnen Finger aus der Sicht des Kindes zeigen. Die Bilder werden ebenfalls in Kartengröße laminiert. Nun können die Kinder den Fotos die entsprechenden Hand- und Fußabdrücke zuordnen.
- Den Fotos und Abdrücken der Hände und Füße können Ganzkörperfotos der jeweiligen Kinder zugeordnet werden.

Tipp:

Die laminierten Karten – Fotos des Kindes und der Körperteile sowie die Abdrücke – können in einem selbst gestalteten Schuhkarton, der ebenfalls mit einem Kinderfoto versehen wird, aufbewahrt werden.

Thema:
Finger, Hände, Füße

Bildungsbereich:
soziale Beziehungen und Emotionalität

Kompetenzbereiche:
Feinmotorik und Auge-Hand-Koordination verfeinern, taktile Wahrnehmung entwickeln

Alter:
ab 18 Monate

Anzahl:
1 Kind oder Kleingruppe

Material:
Fingerfarbe, breiter, weicher Pinsel, Tonkarton, Schere, selbstklebende Buchfolie oder Laminiergerät mit Folie

Ideen und Spiele zur Bewegungsförderung

Bewegung ist für Kinder ein wichtiges Mittel, um Wissen über ihre Umgebung sowie über sich selbst und ihre Fähigkeiten zu erhalten. Daher ist es von besonderer Wichtigkeit, ihnen dafür geeignete Erfahrungsmöglichkeiten zu schaffen. Über die unterschiedlichsten Bewegungsimpulse lernt das Kind nicht nur seinen eigenen Körper kennen, sondern erfährt auch, was es mit seinem Körper alles tun kann: mit den Händen tasten, greifen oder klatschen, den Rumpf beugen oder strecken, mit den Beinen und Füßen gehen, laufen, hüpfen und springen. Das Kind erlernt die Koordination verschiedener Körperteile und erfährt darüber eine vestibuläre Stimulation der Gleichgewichtsorgane.

Im Folgenden finden Sie eine kurze Beschreibung der motorischen Entwicklung in den ersten drei Lebensjahren. Gerade bei Entwicklungsschritten wie Krabbeln, Stehen, Gehen und Laufen hat jedes Kind sein eigenes Tempo und geht seinen eigenen Weg. Wenn es merkt, dass seine körperliche Entwicklung die Voraussetzungen für den nächsten Schritt bietet, wird es diesen auch vollziehen. Daher bieten Altersangaben hier nur eine grobe Richtlinie, die sowohl nach oben als auch nach unten offen ist.

Strampeln

Zu den ersten intensiven Bewegungsimpulsen gehört das Strampeln mit Armen und Beinen. Dafür sollte der Säugling anfänglich auf dem Rücken liegen, um die erforderliche Bewegungsfreiheit zu haben. Zunächst handelt es sich dabei um reflexhafte Reaktionen. Mit viel Lust und Energie trainiert und stärkt das Kind wichtige Muskeln und bereitet so die weitere motorische Entwicklung grundlegend vor. Zugleich lernt es dadurch seinen Körper kennen und begreift, wie es die Bewegungen allmählich bewusst steuern kann. Mit Strampelspielen können Sie diese Bewegungsimpulse begleiten und unterstützen, zugleich wird im Einzelkontakt mit dem Kind der Bindungsaufbau gefördert.

Schon bald versucht der Säugling sich aus der Rückenlage selbst in die Bauchlage zu drehen. Aus dieser Drehbewegung heraus entsteht die erste Fortbewegungsmöglichkeit, das Rollen. Neben den ganzkörperlichen taktilen Impulsen sammelt das Kind hierbei Informationen zum Gleichgewichtsempfinden und wichtiges Wissen über Entfernungen und Begrenzungen im Raum.

(→ S. 43/44)

Tasten und greifen

Zunächst verfügt der Säugling über einen angeborenen Greifreflex – bei der Berührung der Handfläche schließt das Kind die Hand automatisch. Mit zunehmender Ausbildung der Sehfähigkeit ist die Auge-Hand-Koordination im Alter von etwa sechs Monaten so weit ausgebildet, dass Kinder gezielt nach Gegenständen greifen, sie von einer Hand in die andere wechseln und loslassen können. Die Hände stellen eine wichtige Brücke zur Welt dar, da das Kind durch das Betasten verschiedener Gegenstände Erfahrungen und Informationen sammelt, die ihm helfen, seine Umgebung näher kennenzulernen.

Bei der Ausbildung der Feinmotorik haben Alltagsgegenstände eine zentrale Bedeutung, da sie vielseitig sind, aus unterschiedlichsten Materialien bestehen und hohen Aufforderungscharakter haben. Gleichzeitig bieten sie ein vielfältiges Lern- und Erfahrungsfeld für alle Sinne. Bei der Auswahl der Spielgegenstände ist zu berücksichtigen, dass sie bedenkenlos in den Mund gesteckt werden können, da der Mund neben den Händen ein wichtiges und besonders sensibles Tastorgan ist.

Nachdem das Kind zunächst mit der ganzen Hand greift („Affengriff"), bildet sich bis Ende des ersten Lebensjahrs der sogenannte Pinzettengriff heraus, sodass es mit Daumen und Zeigefinger auch kleinste Gegenstände fassen kann.

Auch die Fingerbeweglichkeit kann durch verschiedene Spielideen gefördert und trainiert werden.

(→ S. 45–48)

Sitzen und Gleichgewicht

Zwischen dem siebten und neunten Lebensmonat ist die Muskulatur des Kindes so weit entwickelt, dass die meisten Kinder frei sitzen. Nun können verschiedene Kniereiter zur Schulung des Gleichgewichts zum Einsatz kommen. Die Kinder erfahren dabei die Verknüpfung von Sprache und Bewegung, wobei im Text eine Spannung aufgebaut wird, die schließlich durch das „Plumpsen" aufgelöst wird. Für das Sich-Zurückfallen-Lassen müssen die Kinder der Erzieherin vertrauen können.

Die Ausbildung des Gleichgewichtssystems ist eine wesentliche Voraussetzung für das Sich-Aufrichten in den freien Stand, das aufrechte Gehen und das Sich-im-Raum-Bewegen.

(→ S. 49–51)

Krabbeln

Aus dem Rollen und Robben entwickelt sich schließlich mit etwa zehn Monaten das Stadium des Krabbelns. Es stellt eine entscheidende Erweiterung des Bewegungsspektrums dar, da das Kind durch die Fortbewegung auf Händen und Füßen seinen Körper erstmals vom Boden abhebt.

Die für das Krabbeln erforderliche gekreuzte Koordination von Armen und Beinen ist ein Meilenstein in der geistigen und motorischen Entwicklung, da auf diese Weise das Zusammenspiel beider Gehirnhälften trainiert wird. Man unterscheidet das Krabbeln im Vierfüßlerstand (gestreckte Arme/gebeugte Beine) und im Bärengang (gestreckte Arme und Beine). Für das Erlernen des Gehens stellt das Krabbeln jedoch keine zwingende Voraussetzung dar.

Krabbelkinder brauchen sowohl im Gruppenraum als auch im Außenbereich viel Platz und Freiraum, um Bewegungs- und Gleichgewichtserfahrungen machen zu können: Mithilfe von Podesten und Erhebungen erleben sie Höhenunterschiede und machen mit unterschiedlichen Bodenbelägen und Untergründen zahlreiche visuelle und taktile Erfahrungen.

(→ S. 52)

Stehen

Gegen Ende des ersten Lebensjahrs beginnen die Kinder, sich aus dem Kniestand an verschiedenen Gegenständen, an Beinen oder angebotenen Händen hochzuziehen und aufzustehen. Dabei handelt es sich um die erste Stufe des Laufenlernens. Viele Kinder begleiten ihre ersten freien Stehversuche mit freudigem Jauchzen und stolzem Quietschen, als wollten sie sagen: „Schau her, was ich schon kann!"

Damit die Kinder sich in dieser Zeit gefahrlos hochziehen können, bedarf es ganz besonders stabiler Tische, Stühle und anderer Möbel. Bunte Griffe an der Wand, eine Haltestange mit dahinter befindlichem Spiegel oder ein Puppenwagen laden ebenfalls zum selbstständigen Stehen und zu ersten Schritten ein.

(→ S. 53)

Gehen und laufen

Zunächst fällt es dem Kind schwer, einen Fuß vor den anderen zu setzen, sodass es eine dem Laufen ähnliche Fortbewegung vollführt. Und da es noch nicht bremsen und anhalten kann, lässt es sich in die Arme eines Erwachsenen fallen oder läuft gegen die Wand.

In der Anfangszeit halten sich die Kinder beim Gehen noch mit einer oder beiden Händen fest und fallen auch immer wieder einmal auf den Po. Mit zunehmender Sicherheit und sobald die Kinder wissen, dass sie jederzeit wieder aufstehen können, entwickelt sich daraus ein Spiel, bei dem sich die Kinder immer wieder absichtlich aus dem Gehen und Laufen heraus fallen lassen. Die meisten Kinder können zwischen dem zwölften und 16. Lebensmonat frei gehen.

Die neu gewonnene Fähigkeit des Laufens muss nun in vielen Zusammenhängen erprobt und weiterentwickelt werden. Lange Flure, große leere Räume und das Außengelände kommen der Bewegungsfreude kleiner Kinder entgegen und laden zum Rennen ein. Zugleich wird beim Balancieren das Gleichgewichtsempfinden weiter trainiert.

(→ S. 54–57)

Ideen und Spiele zur Bewegungsförderung

Klettern und rutschen

Kaum können die Kinder selbstständig gehen und laufen, schließen sich als weitere grobmotorische Bewegungsformen das Treppensteigen und Klettern an. Wenn das kleine Kind etwas erklettert hat, muss es auch wieder herunter – schiefe Ebenen und Rutschen jeder Art ermöglichen als weitere Bewegungserfahrung das Rutschen. Es gehört zunächst ein bisschen Mut dazu, sich von einer Erhöhung in die Tiefe gleiten zu lassen. Doch ist es einmal geschafft, wird es ständig wiederholt.

(→ S. 58)

Hüpfen und springen

Im zweiten und dritten Lebensjahr erproben die Kinder im Anschluss an das Laufen das Hüpfen und Springen. Zunächst federn die Kinder in den Knien, manchmal löst sich auch schon ein Fuß. Allmählich lernen sie, beide Füße vom Boden zu lösen.

Im Alter von etwa zwei Jahren haben Kinder besonders viel Freude am Herabspringen von niedrigen Gegenständen, z. B. von der ersten Treppenstufe oder der Bordsteinkante. Dabei setzen sie die Beine nacheinander auf.

Das Überspringen von Hindernissen, das die Koordination von Hoch- und Weitspringen erfordert, kann in diesem Alter durch einfache Springübungen über auf dem Boden liegende flache Gegenstände, wie z. B. ein Seil, ein Stab oder ein Gymnastikreifen, bereits angebahnt werden.

(→ S. 59/60)

Rollen, werfen, fangen

Bälle haben in allen Größen, Formen und Farben sowie aus unterschiedlichen Materialien einen hohen Aufforderungscharakter und bieten neben viel Freude vielfältige Lernmöglichkeiten. Das Hin- und Herrollen sowie willentliche Fallenlassen von Bällen und Kugeln, die Entdeckung, diese werfen zu können, und schließlich die Erfahrung, sie auch wieder fangen zu können, sind wesentliche Entwicklungsschritte für die Kinder. Hierzu ist ein sehr komplexes Zusammenspiel von optischer Wahrnehmung sowie fein- und grobmotorischer Steuerung erforderlich.

(→ S. 61/62)

Ziehen, schieben, transportieren

Aktivitäten des Ziehens, Schiebens und Transportierens sind bereits sehr anspruchsvoll, da die Kinder fein- und grobmotorische Fähigkeiten in Kombination anwenden müssen. Zugleich steht nicht mehr die Bewegung an sich im Vordergrund, sondern die Lageveränderung verschiedenster Gegenstände. Die Kinder erobern sich auf diese Weise eine Raumvorstellung und erweitern ihre Raum-Lage-Wahrnehmung.

(→ S. 63/64)

Ball an der Schnur

Bei diesem Strampelspiel berührt das Kind zunächst den Wasserball eher zufällig und kann nach und nach die Stärke der Bewegung selbst beeinflussen.

Vorbereitung:

Befestigen Sie den Wasserball mit einem Stück Schnur oder Klebeband an dem Seil. Das Seil wird nun so gehalten oder befestigt, dass das darunterliegende Kind den Ball mit Händen und Füßen erreichen kann.

So geht's:

- Das Kind liegt unter dem am Seil hängenden Wasserball auf einer bequemen Unterlage auf dem Rücken.
- Es versucht nun, den Wasserball mit den Händen zu berühren oder mit den Füßen dagegen zu treten, sodass sich der Ball zur Seite bewegt. Durch die Aufhängung kehrt der Wasserball anschließend immer wieder in die Ausgangsposition zurück.

Varianten:

- Statt eines Wasserballs können Sie einen schwach aufgeblasenen Luftballon verwenden.
- Wenn Sie dem Kind den Wasserball in der Nähe eines Spiegels zum Spielen anbieten, erlebt das Kind zugleich einen visuellen Eindruck seiner Bewegungen, auch wenn es sich zunächst nicht selbst im Spiegel erkennen kann.

Thema:
Strampeln mit Armen und Beinen

Bildungsbereich:
Bewegung

Kompetenzbereiche:
Arm-, Bein- und Bauchmuskulatur kräftigen, Feinmotorik und Auge-Hand-Koordination verfeinern

Alter:
ab 6 Monate

Anzahl:
1 Kind

Material:
Wasserball (Ø ca. 30 cm), Seil, Schnur oder Klebeband

Strampeln

Schau mal, wie ich strampeln kann

Dieses Bewegungsspiel trägt neben der Stärkung der Arm- und Beinmuskulatur auch zur Kräftigung der Bauchmuskulatur bei. Das Kind liegt dafür auf dem Rücken auf einer bequemen Unterlage.

So geht's:

Sprechen Sie den Text deutlich und führen Sie dazu die beschriebenen Bein- und Armbewegungen aus. Nach einigen Wiederholungen und mit zunehmendem Alter kennt das Kind das Spiel so gut, dass es mit Muskelkraft die Bewegungen zunehmend selbst steuert und verstärkt.

Schau mal, wie ich strampeln kann,	*mit beiden Beinen des Kindes Strampelbewegungen machen*
strampeln wie ein Hampelmann.	
Strample mit dem rechten Bein,	*nur mit dem rechten Bein Strampelbewegungen machen*
dann soll es das linke sein.	*nur mit dem linken Bein Strampelbewegungen machen*
Strample, strample hin und her,	*beide Beine mit Strampelbewegungen nach links und nach rechts führen*
schau, das fällt mir gar nicht schwer.	
Strample, strample ganz, ganz stark,	*mit beiden Beinen kräftige Strampelbewegungen in schnellerem Tempo machen*
weil ich das so gerne mag.	
Meine Beine sind müde nun,	*beide Beine des Kindes ruhig halten*
hören auf, um auszuruhn.	
Schau, jetzt sind die Arme dran,	*mit beiden Armen des Kindes Zappelbewegungen machen*
zapple, zapple wie ich kann.	
Zapple mit dem rechten Arm,	*nur mit dem rechten Arm Zappelbewegungen machen*
mit dem linken, dann wird's warm.	*nur mit dem linken Arm Zappelbewegungen machen*
Zapple, zapple hin und her,	*beide Arme mit Zappelbewegungen nach links und nach rechts führen*
auch das fällt mir gar nicht schwer.	
Zapple, zapple nun ganz stark,	*mit beiden Armen kräftige Zappelbewegungen in schnellerem Tempo machen*
weil ich das so gerne mag.	
Meine Arme sind auch müde nun,	*beide Arme des Kindes ruhig halten*
hören auf, um auszuruhn.	

Ein Korb zum Entdecken

Zum Tasten, Greifen und Entdecken sind Alltagsgegenstände und -materialien hervorragend geeignet.

So geht's:

- Bieten Sie in einem Korb verschiedenste Alltagsgegenstände und/oder -materialien an – entweder vermischt oder nach bestimmten Kategorien sortiert. Folgende Gegenstände eignen sich dafür:
  - Alltagsmaterialien, wie z. B. verschieden große Pappschachteln mit und ohne Deckel, Eierkartons, Plastikflaschen und -dosen mit Schraubverschlüssen, Joghurtbecher, Papprollen, Bierdeckel, Gardinenringe, Wäscheklammern,
  - Spielmaterialien, z. B. Bälle in unterschiedlichen Größen und aus verschiedenen Materialien, Chiffontücher, Tastsäckchen, Glöckchen,
  - Haushaltsgegenstände, wie z. B. Topf, Schüssel, Becher, Löffel, Schneebesen, Salatschleuder,
  - Gegenstände aus dem Badezimmer, wie z. B. Zahnbürste, Kamm, Haar- oder Handbürste, Schwamm, Waschlappen, Massagebürste,
  - ausrangierte Alltagsgegenstände, wie z. B. Telefon, Computertastatur, Handtaschen und Geldbeutel mit Druckknöpfen und Reißverschlüssen,
  - verschiedene Papiersorten, z. B. Zeitungs-, Geschenk-, Transparent- und Seidenpapier.
- Im Freispiel kann sich das Kind selbsttätig damit beschäftigen und nach Belieben forschen und experimentieren.

Tipp:

Je nach Interesse der Kinder an den Materialien kann der Inhalt des Korbs z. B. wochen- oder monatsweise thematisch verändert werden.

Thema:
Greifen

Bildungsbereich:
Bewegung

Kompetenzbereiche:
Feinmotorik verfeinern, verschiedene Materialien kennenlernen

Alter:
ab 6 Monate

Anzahl:
1 Kind

Material:
siehe nebenstehend

Tasten und greifen

Thema:
Tasten und greifen

Bildungsbereich:
Bewegung

Kompetenzbereiche:
Feinmotorik verfeinern, visuelle Wahrnehmung entwickeln, Materialien kennenlernen

Alter:
ab 6 Monate

Anzahl:
1 Kind

Material:
Gitter-Mobile: rechteckiges oder rundes Kuchengitter, farbige Satinbänder, verschiedene Gegenstände, z. B. Löffel, Schwamm, Rassel, Glöckchen, Chiffontuch, kleiner Handspiegel, Bürste

Zauberrolle: stabile Papprolle (Ø ca. 5 cm, Länge ca. 30 cm), glitzernde Metallfolie oder Hologrammfolie, buntes Transparentpapier, Klebstoff, farbige Chiffontücher (z. B. in Rot, Gelb und Blau)

Tasterlebnisse

Selbst gefertigte Spielmaterialien mit verschiedenartigen Alltagsgegenständen laden zum Tasten und Fühlen ein, sodass das Kind das zielgerichtete Greifen trainiert. Gegenstände, die Geräusche erzeugen, unterstützen zusätzlich die akustische Wahrnehmung.

Das Gitter-Mobile

Vorbereitung:

An ein handelsübliches Kuchengitter werden drei bis fünf verschiedenfarbige Satinbänder geknotet, sodass jeweils ein Ende herunterhängt. An diesen Enden wird jeweils ein Gegenstand (siehe Materialliste) befestigt.

So geht's:

- Das Kind liegt auf einer bequemen Unterlage auf dem Rücken.
- Das Gitter-Mobile wird so oberhalb des Kindes aufgehängt, dass das Kind die Gegenstände mit seinen Händen erreichen, sie ertasten, berühren und greifen kann.
- Um das Kind nicht zu überfordern, empfiehlt es sich, maximal fünf Gegenstände anzubieten, die, dem Interesse des Kindes entsprechend, regelmäßig ausgetauscht werden.

Die Zauberrolle

Vorbereitung:

Bekleben Sie die feste Papprolle von außen dekorativ mit einer bunt glitzernden Metall- oder Hologrammfolie oder alternativ mit bunten Transparentpapierschnipseln. Sechs farbige Chiffontücher (z. B. in den Grundfarben Rot, Gelb und Blau) werden im Wechsel an den Enden zusammengeknotet und dann in die Pappröhre gesteckt.

So geht's:

- Das Kind versucht mithilfe des Pinzettengriffs, die Tücher aus der Zauberrolle herauszuziehen. Dabei wird es überrascht sein, dass es eine Weile ziehen muss, bis alle Tücher aus der Rolle gezogen wurden, und dass die Tücher verschiedene Farben haben.
- Anschließend kann das Kind versuchen, die Tücher mit den Fingern wieder in die Rolle zu stecken.
- Begleiten Sie die Tätigkeit des Kindes sprachlich, indem Sie die Farben der Tücher benennen. Auf diese Weise lernt das Kind mit der Zeit die Grundfarben kennen und kann sie im Alter von ca. 24 Monaten zuordnen und benennen.

Der Klammer-Igel

Dieses selbstgefertigte Spielmaterial zur Schulung der Feinmotorik und des Pinzettengriffs wird dem Kind für das selbsttägige Spiel zur Verfügung gestellt.

Vorbereitung:

Übertragen Sie die unten abgebildete Igelform auf das Sperrholz und sägen Sie sie mit der Laubsäge aus. Nach Wunsch kann der Holzigel noch farbig gestaltet werden.

So geht's:

- Stecken Sie die Wäscheklammern als Stacheln auf den Rücken des Igels, sodass das Kind die Wäscheklammern abzupfen kann.
- Diese Tätigkeit kann beliebig oft wiederholt werden.
- Mit verbesserter Feinmotorik und zunehmender Kraft in den Fingern kann das Kind ab einem Alter von etwa 18 Monaten die Stacheln selbst wieder anklammern.

Variante:

Statt der Igelform können Sie aus der Sperrholzplatte einen Kreis (Ø 20 cm) aussägen, der entweder als Sonne mit Sonnenstrahlen gelb bemalt und mit ca. 15 Wäscheklammern versehen wird oder als Kopf mit Haaren (5–7 Wäscheklammern) mit einem Gesicht bemalt wird.

Tipp:

Dieses Spielmaterial können Sie gemeinsam mit interessierten Eltern an einem Elternnachmittag oder -abend anfertigen.

Thema:
Greifen

Bildungsbereich:
Bewegung

Kompetenzbereiche:
Feinmotorik verfeinern, visuelle Wahrnehmung entwickeln, Materialien kennenlernen

Alter:
ab 12 Monate

Anzahl:
1 Kind

Material:
ca. 1–2 mm starke Sperrholzplatte, Laubsäge, 10 Wäscheklammern, evtl. Bastelfarben und Pinsel

Mit Fingern trommeln

Zur Schulung der Fingerbeweglichkeit kann dieses Spiellied in der Klein- oder Gesamtgruppe ab einem Alter von 18 Monaten zum Einsatz kommen. Zugleich schulen die Kinder dabei ihr Rhythmusgefühl.

So geht's:

- Die Kinder sitzen im Schneidersitz auf dem Boden im Kreis. Jedes Kind hat eine Handtrommel vor sich auf dem Schoß. Alternativ ist es auch möglich, auf leere Schuhkartons, auf den Fußboden oder auf einen Tisch zu trommeln.
- Während die Kinder das Lied singen, begleiten sie es mit Fingerbewegungen auf der Handtrommel.

Text: Julia und Anja Cantzler
Melodie: Taler, Taler, du musst wandern

Varianten:

- Der Liedtext kann so verändert werden, dass die Finger auch andere Geräusche auf der Trommel erzeugen, z. B. reiben, krabbeln, klopfen.
- Anstelle der Finger trommeln die Hände, Fäuste, die Fingerknöchel oder der Ellenbogen.
- Ohne Trommeln kann das Lied zum Bewegungslied mit dem ganzen Körper ausgeweitet werden, z. B. „Mit den Füßen kannst du stampfen" oder „Mit dem Popo kannst du wackeln".

Kniereiter

Unter der Voraussetzung, dass das Kind bereits frei sitzen kann, sind die beliebten Kniereiterspiele schon ab sechs Monaten geeignet. Bei diesen Spielen wird neben dem Vertrauen auch das Gefühl für Körper und Rhythmus gestärkt.

So geht's:

- Das Kind sitzt auf Ihrem Schoß, sodass Sie einander ansehen können und Blickkontakt halten. Verschränken Sie Ihre Arme hinter dem Rücken des Kindes zur Stütze.
- Sprechen Sie jeweils den Text und begleiten Sie ihn mit den beschriebenen Bewegungen.
- Setzen Sie beim Kniereiterspiel „Schlitten fahren" in den Text den Namen des jeweiligen Kindes ein, sodass es persönlich angesprochen wird.

Bollerwagen

Bollerwagen, Bollerwagen, mit dem schönen Bollerwagen.	*beide Beine mit dem darauf sitzenden Kind im Sprechrhythmus auf und ab bewegen*
Erst geht's über kleine Steine,	*leichtere Auf-und-ab-Bewegungen mit beiden Beinen machen*
dann die großen, die fest stoßen,	*ganz starke, holpernde Auf-und-ab-Bewegungen mit beiden Beinen machen*
schließlich wird dann abgeladen.	*das Kind im Rücken sicher halten und rücklings nach unten plumpsen lassen*

Text: mündlich überliefert

Schlitten fahren

Mit dem Schlitten lustig, munter, geht es nun den Berg hinunter.	*beide Beine mit dem darauf sitzenden Kind im Sprechrhythmus auf und ab bewegen*
Erst langsam wie 'ne Schnecke,	*langsamere Auf-und-ab-Bewegungen machen und leicht hin- und herschaukeln*
dann saust er um die Ecke.	*ganz schnelle Auf-und-ab-Bewegungen machen*
Links herum und rechts herum,	*sich mit dem Kind nach links und nach rechts in die Kurve legen*
unser Jonas/unsre Lena ist nicht dumm!	*beide Beine mit dem darauf sitzenden Kind im Sprechrhythmus auf und ab bewegen*
Und zum Schluss mit lautem „Rumps"	*die Beinbewegung abrupt stoppen*
fällt er/sie dann vom Schlitten: Plumps!	*das Kind im Rücken sicher halten und rücklings nach unten plumpsen lassen*

Sitzen und Gleichgewicht

Das Auto fährt

Dieses Kniereiterspiel eignet sich gut zur Schulung des Gleichgewichtssinns. Nach und nach unterstützt das Kind die Bewegungen, sodass das Spiel immer wilder wird.

So geht's:

- Das Kind sitzt mit dem Rücken zu Ihnen auf Ihrem Schoß. Halten Sie es auf Hüfthöhe mit beiden Händen fest.
- Singen Sie das Lied und begleiten Sie den Text mit den beschriebenen Bewegungen.

Text: Anja Cantzler
Melodie: mündlich überliefert

Das Auto fährt brumm, brumm,	*beide Beine mit dem darauf sitzenden Kind im Sprechrhythmus auf- und abbewegen*
das Auto ist nicht dumm.	
Das Auto fährt, das Auto fährt,	
das Auto fährt brumm, brumm.	*langsamere Auf-und-ab-Bewegungen machen und leicht hin- und herschaukeln*
Erst langsam wie 'ne Schnecke,	*langsame Schaukelbewegungen zu beiden Seiten machen*
dann braust es um die Ecke.	*seitliche Schaukelbewegungen in schnellem Tempo machen*
Das Auto fährt, das Auto fährt,	*beide Beine mit dem darauf sitzenden Kind im Sprechrhythmus auf- und abbewegen*
das Auto fährt brumm, brumm!	
Brumm!	*das Kind sicher halten, mit dem Oberkörper einmal nach vorne beugen und wieder zum Sitzen aufrichten*

Wackelball

Mit Übungen auf schwankenden Untergründen wird der Gleichgewichtssinn der Kinder angeregt und trainiert.

So geht's:

- Das Kind liegt mit dem Bauch auf einem großen Sitzball, sodass sich Arme, Beine und Kopf frei bewegen können. Die Erzieherin hält das Kind mit beiden Händen am Becken gefasst.
- Nun geht die Erzieherin auf die Bewegungsimpulse des Kindes ein und begleitet diese.

Tipps:

- Ab einem Alter von etwa zwölf Monaten kann das Kind auch auf dem Ball sitzen. Geben Sie dann dem Kind von hinten mit beiden Händen im Beckenbereich Halt oder reichen Sie ihm beide Hände als Stütze.
- Auf einem kleineren Sitz- oder Wasserball können die Kinder die Gleichgewichtsübungen ab etwa 24 Monaten selbst durchführen. Wenn die Kinder sich bäuchlings auf den Ball legen, sollten sie mit den Armen und Beinen den Boden erreichen können. Dann versuchen sie, sich mit dem Ball vor- und zurückzubewegen. Im Sitzen ist es wichtig, dass sie sich mit den Füßen am Boden abstützen können. Sie bewegen den Ball hin und her und bewegen sich darauf auf und ab.

Variante:

Für eine Kleingruppe von Kindern ab etwa zwölf Monaten ist die „Wackelmatte" geeignet: Begrenzen Sie dafür in einer Ecke des Raums mithilfe zweier Langbänke eine ausreichend große rechteckige Fläche, sodass darin eine Weichbodenmatte Platz hat. Geben Sie 20 bis 30 mittelgroße Bälle auf diese Fläche und legen Sie auf die Bälle die Weichbodenmatte. Die Kinder legen sich nun auf die Matte, gegen die Sie am Rand etwas drücken, sodass sie sich hin und her bzw. etwas auf und ab bewegt. Je nach Entwicklungsstand und motorischen Fähigkeiten können die Kinder auf der wackeligen Fläche auch robben, krabbeln oder laufen.

Thema:
Gleichgewicht

Bildungsbereich:
Bewegung

Kompetenzbereiche:
Körperwahrnehmung entwickeln, Gleichgewichtserfahrungen machen, Gleichgewichtssinn stärken

Alter:
ab 6 Monate

Anzahl:
1 Kind oder Kleingruppe

Material:
Sitzball

Krabbeln

Thema:
Krabbeln

Bildungsbereich:
Bewegung

Kompetenzbereiche:
Gleichgewichts- und Tasterfahrungen machen, Höhenunterschiede erleben, Entfernungen abschätzen

Alter:
ab 6 Monate

Anzahl:
1 Kind oder Kleingruppe

Material:
siehe nebenstehend

Krabbelparadies

Über die Raumgestaltung können Sie den Kindern viele Anregungen geben, damit sie die neu erworbene Fähigkeit des Krabbelns ausreichend erproben können.

So geht's:

- Gestalten Sie eine Krabbellandschaft aus niedrigen Podesten, kleinen Stufen, schrägen Ebenen und kleinen Hindernissen. Folgende Materialien sind dafür geeignet:
  - Kissen und Polsterelemente (z. B. Sitzkissen, Rückenpolster, Schaumstoffkeile, Nackenrollen),
  - gefaltete Wolldecken,
  - kleines Planschbecken, Luftmatratzen und Schwimmreifen,
  - Kriechtunnel aus ineinandergesteckten Pappkartons,
  - aufgerollte und fest verschnürte Gymnastikmatten,
  - verschieden dicke Turnmatten,
  - Matratzen.
- Die Kinder können nun hinauf- und hinunterkrabbeln, sowie durch verschieden gestaltete Gänge und Röhren hindurchkrabbeln.

Tipp:

Legen Sie in ein Planschbecken oder in eine stabile Kiste verschiedene kleine Gegenstände aus unterschiedlichen Materialien, die hohen Aufforderungscharakter haben, damit das Kind hinkrabbelt und hineinklettert. Dafür sind z. B. Kastanien, Laubblätter, bunte Tücher, kleine Bälle, Papprollen, Zeitungspapier oder Korken geeignet. Die Materialien können regelmäßig ausgetauscht werden, sollten aber nicht so klein sein, dass sie verschluckt werden könnten.

Seht, ich kann tanzen

Sobald die Kinder ab etwa zwölf Monaten den freien Stand einigermaßen sicher beherrschen, kann dieses Spiel im Kreis stehend in der Gruppe gespielt werden. Die Kinder trainieren dabei, zu stehen, sich fallen zu lassen und wieder aufzustehen.

So geht's:

Die Kinder stehen im Kreis auf einem festen Platz und machen die Bewegungen zu dem Lied.

Text: Anja Cantzler
Melodie: mündlich überliefert

Seht, ich kann tanzen, tanzen, tanzen!	*stehend den Oberkörper im Rhythmus hin- und herbewegen*
Seht, ich kann tanzen	
und das geht so:	*kurze Pause*
Eins, zwei, drei –	*mit den Fingern der anderen Hand zählen: Daumen, Zeigefinger, Mittelfinger*
rund, rundherum, rund, rundherum, rund, rundherum.	*sich auf der Stelle mehrmals im Kreis drehen*
Eins, zwei, drei –	*mit den Fingern der anderen Hand zählen: Daumen, Zeigefinger, Mittelfinger*
rund, rundherum,	*sich auf der Stelle im Kreis drehen*
dann fall ich um.	*kurz anhalten und sich fallen lassen*

Gehen und laufen

Ringel, Rangel, Häuschen

Bekannte Kinderspiele wie „Ringel, Ringel, Reihe“ oder „Ringel, Ringel, Rosen“ greifen den Entwicklungsstand und das Interesse der Kinder am Sich-Hinknien und Aufstehen auf. Bei dieser Spielvariante können sich die Kinder sogar ganz auf den Boden fallen lassen.

So geht's:

- Die Kinder stehen an den Händen gefasst im Kreis.
- Dem Text entsprechend gehen sie in einer Richtung im Kreis, werden dabei immer schneller und lassen sich bei der letzten Textzeile auf den Boden fallen.

Ringel, Rangel, Häuschen,
wir tanzen mit dem Mäuschen.
Da kommt die Katze, gar nicht dumm,
und wirft uns alle plötzlich um.

Text: Anja Cantzler

Ringel, Ringel, Ratze,
wir tanzen mit der Katze.
Da kommt der Hund gelaufen
und wirft uns übern Haufen.

Text: mündlich überliefert

Tipp:

Bei jeder Wiederholung sollte die Gehrichtung (im Uhrzeigersinn/gegen den Uhrzeigersinn) gewechselt werden, da auf diese Weise beide Gehirnhälften angeregt werden.

Meine Füße

Bei diesem Spiel können Kinder ab einem Alter von etwa zwei Jahren verschiedene Bewegungsarten wie Gehen, Laufen, Hüpfen, Sich-Drehen und Stillstehen in der Gruppe erproben.

So geht's:

Die Kinder stehen ohne Handfassung im Kreis und begleiten den Text mit den genannten Bewegungen.

Schau mal her: Ich kann stehen	*still stehen*
mit den Füßen und auch gehen!	*langsam im Kreis gehen*
Ich kann laufen und auch rennen!	*das Tempo beschleunigen*
Kannst du es dann gut erkennen?	
Hüpfen, springen, rauf und runter,	*anhalten und auf der Stelle hüpfen*
da werd ich immer ganz schön munter!	
Meine Füße mag ich sehr,	
können tanzen und viel mehr!	*sich auf der Stelle im Kreis drehen*
Müde bleiben sie nun stehen,	*still auf der Stelle stehen bleiben*
wollen nicht mehr weitergehen.	

Tipp:

Legen Sie den Boden sorgfältig mit Packpapier oder Tapetenbahnen aus und kleben Sie die Ränder mit Kreppband aneinander und am Boden fest. Die Kinder ziehen Schuhe und Strümpfe aus und treten mit den nackten Füßen in flache, mit Fingerfarbe gefüllte Schälchen. Nun bewegen sich die Kinder zum oben stehenden Text auf dem Papier und hinterlassen dabei Fußspuren. Anschließend werden die Füße gewaschen. Das Fußspurenbild kann nach dem Trocknen für jedes Kind zugeschnitten und aufgehängt werden.

Gehen und laufen

Es stampft ein dicker Elefant

Eine besondere Fortbewegungsart ist das stampfende Gehen. Dieses Singspiel können Kinder ab einem Alter von etwa 18 Monaten in der Gruppe gemeinsam durchführen.

So geht's:

- Alle Kinder bilden einen Kreis.
- Ein Kind wird für die Rolle des Elefanten ausgewählt und stellt sich in die Mitte des Kreises.
- Das Kind in der Kreismitte stellt pantomimisch einen Elefanten dar: Entweder mit großen Ohren, indem es sich mit beiden Händen an seine Ohren fasst, oder mit einem langen Rüssel, für den es sich mit einer Hand an die Nase fasst und den anderen Arm durch die so entstehende kreisförmige Öffnung steckt.
- Während die im Kreis stehenden Kinder das Lied singen, stampft das Kind in der Kreismitte mit lauten Schritten im Kreis herum.
- In der nächsten Runde spielt ein anderes Kind den Elefant.

Text: Anja Cantzler
Melodie: Es tanzt ein Bi-ba-butzemann

Balancierparcours

Sobald die Kinder das Gehen einigermaßen sicher beherrschen, trainieren Übungen zum Balancieren in verschiedenen Schwierigkeitsstufen das Gleichgewichtsgefühl. Bei diesem Balancierparcours müssen sich die Kinder gut konzentrieren und die Füße genau voreinandersetzen, um nicht danebenzutreten oder sogar herunterzufallen.

So geht's:

- Stellen Sie eine Langbank mitten in den Raum. Als Fallschutz werden zu beiden Seiten der Bank Turnmatten ausgelegt. Die Kinder balancieren nun auf der Sitzfläche der Langbank entlang.
- Legen Sie mit Sprungseilen einen 30 cm breiten Weg auf dem Boden aus, dem die Kinder möglichst genau folgen sollen.
- Legen Sie ein Holzbrett flach auf den Boden, auf dem die Kinder von einem Ende zum anderen balancieren können.

Thema:
Gleichgewicht

Bildungsbereich:
Bewegung

Kompetenzbereiche:
Konzentrationsfähigkeit weiterentwickeln, Gleichgewichtserfahrungen machen, Gleichgewichtssinn stärken

Alter:
ab 18 Monate

Anzahl:
Kleingruppe

Material:
mehrere Sprungseile, Holzbrett (ca. 30 cm x 2 m), Langbank, 4–6 Turnmatten

Klettern und rutschen

Thema:
Klettern und rutschen

Bildungsbereich:
Bewegung

Kompetenzbereiche:
Höhenunterschiede erleben, Gleichgewichtserfahrungen machen

Alter:
ab 18 Monate

Anzahl:
1 Kind oder Kleingruppe

Material:
siehe nebenstehend

Kletterparadies

Zum Trainieren des Kletterns und Rutschens ist die Raumgestaltung von entscheidender Bedeutung. Mithilfe von Alltagsgegenständen können Sie eine Kletterlandschaft erstellen, die dafür zahlreiche Anregungen bietet. Achten Sie dabei in jedem Fall darauf, die Kinder beim Klettern zu sichern bzw. Turnmatten als Fallschutz auszulegen.

So geht's:

- Bieten Sie den Kindern verschiedene Podeste und Treppen an, die zum Klettern einladen. Ähnlich wie beim Krabbelparadies (siehe S. 52) sind dafür folgende Materialien geeignet:
  - Kissen und Polsterelemente (z. B. Sitzkissen, Rückenpolster, Schaumstoffkeile),
  - mehrere aufeinandergestapelte Turnmatten,
  - einzelne Stufen oder Treppen,
  - stabile Trittleiter,
  - kleine stapelbare, stabile Holzkisten oder Stühle,
  - Sportgeräte wie Turnkasten oder Langbank,
  - mit Teppichbodenresten überzogene stabile Kunststoffkisten oder Holzpaletten.
- Insbesondere bei Stufen und Treppen halten sich die Kinder zunächst noch am Geländer fest und steigen im Nachstellschritt nach oben, mit zunehmender Sicherheit können sie freihändig im Wechselschritt klettern.
- Achten Sie darauf, dass die Kinder nicht nur nach oben steigen, sondern auch das Heruntersteigen trainieren bzw. mithilfe einer aufgebauten Rutsche (s. u.) von der höher gelegenen Ebene wieder herunterkommen können.

Tipp:

Rutschen, die kurzzeitig auf- und anschließend wieder abgebaut werden können, eignen sich gut für Bewegungsspiele im Zusammenhang mit dem Thema Klettern. Das kann z. B. eine an einer Sprossenwand eingehängte Langbank sein oder ein stabiler, breiter Bierzelttisch, bei dem nur auf einer Seite das Beingestell ausgeklappt wird. Achten Sie in beiden Fällen auf eine Absicherung mit Turnmatten. Die Kinder können auch versuchen, die schrägen Ebenen von unten zu erklettern und anschließend wieder herunterzurutschen.

Wie Tiere hüpfen

Tiere eignen sich hervorragend zur Motivation, um neue Bewegungsarten zu erproben und verschiedene Hüpferfahrungen zu sammeln. In der Gruppe und mit einem kleinen Vers macht es besonders viel Spaß.

Der Hase hoppelt

So geht's:

Die Kinder hüpfen wie Hasen in Hockstellung durch den Raum. Zum Schluss sammeln sie sich auf einer Turnmatte oder Langbank, die ihr Zuhause darstellt.

Der Hase hoppelt hin und her,
hoppeln fällt ihm gar nicht schwer.
Kleiner Hase ist schon munter,
hüpft die Wiese rauf und runter.
Springen, hüpfen, das macht Spaß,
hoppelt durch das grüne Gras.
Hoppelt dann vergnügt nach Haus,
unser Spiel, das ist jetzt aus.

Der Frosch hüpft

So geht's:

Die Kinder hüpfen wie Frösche in Hockstellung passend zum Text hin und her. Zum Abschluss springen sie in den mit einem Gymnastikseil ausgelegten Kreis, das „Wasser", und patschen mit den Händen kräftig auf den Boden.

Die Frösche quaken unten am Fluss,	*in die Hocke gehen und wie ein Frosch quaken*
geben sich einen dicken Kuss.	*mit dem Mund ein Kussgeräusch machen*
Und hüpfen dann kreuz und quer,	*wie ein Frosch hin und her hüpfen*
denn herumzuhüpfen lieben sie sehr.	
Sie hüpfen mal vor und auch zurück,	*vor und zurück hüpfen*
denn Hüpfen ist ihr größtes Glück.	
Dann hört man sie mit lautem Klatschen	*über das Seil ins „Wasser" hüpfen*
in das kühle Wasser platschen.	*mit beiden Händen laut auf den Boden patschen*

Hüpfen und springen

Thema:
Pferdchengalopp

Bildungsbereich:
Bewegung

Kompetenzbereiche:
Rhythmus in Bewegung umsetzen, Bewegungsart erproben

Alter:
ab 24 Monate

Anzahl:
Kleingruppe

Material:
Trommel

Kleines Pferd

Bei diesem Spiel sind die Kinder gefordert, den Rhythmus der Trommel mit dem Tempo ihrer Bewegung zu verbinden.

So geht's:

- Die Kinder stehen zunächst im Kreis.
- Geben Sie mit der Trommel den Grundrhythmus des Spiels vor.
- Die Kinder setzen den vorgegebenen Rhythmus in Bewegung um, indem sie im Pferdchengalopp, d. h. mit Nachstellschritten, im Kreis laufen.
- Bei „Kleines Pferd mag nicht mehr gehen" hören Sie auf, die Trommel zu schlagen, und die Kinder bleiben still stehen.

Kleines Pferd – Galopp, -lopp, -lopp,
immerzu geht's hopp, hopp, hopp.
Hopp, hopp, hopp
und hopp, hopp, hopp,
läuft es im Galopp, -lopp, -lopp.
Kleines Pferd mag nicht mehr gehen,
bleibt dann plötzlich leise stehen.

Tipp:

Passen Sie den Sprechrhythmus den Fähigkeiten der Kinder an und beginnen Sie zunächst etwas langsamer.

Bälle laden ein

Bälle in verschiedenen Farben, Größen und Materialien regen die Kinder an, ihre motorischen Fähigkeiten auf unterschiedliche Weise zu erproben.

So geht's:

Stellen Sie mehrere Körbe oder Kisten mit verschiedenen Bällen und einigen Zusatzmaterialien zusammen, anhand derer die Kinder im Freispiel ihren Fähigkeiten und Vorstellungen entsprechend experimentieren und Erfahrungen sammeln können.

Mögliche Aktivitäten mit kleinen Bällen:

- rollen, kullern, werfen, schießen
- Softbälle kneten und knautschen
- einräumen, ausräumen, umräumen
- in einen Wäschekorb räumen und sich hineinsetzen
- mit einem Eimer, einer Tragetasche oder einem Korb transportieren
- in eine Eierpalette oder einen -karton einräumen bzw. sortieren
- nach Farben sortieren

Mögliche Aktivitäten mit mittelgroßen Bällen:

- rollen, kullern, werfen, schießen
- einräumen/hineinwerfen und ausräumen/hinauswerfen
- beim Gehen zwischen die Beine/Knie klemmen
- hinterherlaufen, fangen
- mit einem Karton oder Wäschekorb transportieren
- unter oder über Gegenstände rollen

Mögliche Aktivitäten mit großen Bällen:

- rollen, tragen, anschubsen
- daraufsetzen oder -legen
- an Seile gebunden wegboxen oder wegtreten
- Wasserbälle mit wenig Luft greifen oder knautschen
- aus gespanntem Betttuch von unten herausschubsen

Thema:
Bewegung mit Bällen

Bildungsbereich:
Bewegung

Kompetenzbereich:
Auge-Hand-Koordination verfeinern

Alter:
ab 12 Monate

Anzahl:
Kleingruppe

Material:
kleine Bälle: z. B. verschiedenfarbige Plastikbälle (z. B. aus dem Bällebad), Tennisbälle, Tischtennisbälle, Flummis, kleine Softbälle, Igelbälle
mittelgroße Bälle: z. B. Plastikbälle, Fußbälle, Handbälle, mittelgroße Softbälle
große Bälle: z. B. Wasserbälle, Sitzbälle, Gymnastikbälle

Zusätzliches:
Eimer, Tragetasche, Korb, Schuhkarton, Wäschekorb, Eierpalette und -karton, Kriechtunnel, Karton, Wäschekorb, Stuhl, Langbank, Seile, Betttuch, Klebeband

Thema:
Bälle und Kugeln rollen

Bildungsbereich:
Bewegung

Kompetenzbereiche:
Feinmotorik und Auge-Hand-Koordination verfeinern, visuelle Wahrnehmung entwickeln

Alter:
ab 18 Monate

Anzahl:
Kleingruppe

Material:
3 verschieden lange (z. B. 50 cm / 1 m / 2 m) und verschieden dicke (z. B. Ø 5 cm / 8 cm / 10 cm) durchsichtige Plastikschläuche (Baumarkt), Stuhl oder 3–5-stufige Leiter, Seile, Kreppband, Schüssel, verschiedenfarbige Kugeln und Bälle mit etwas geringerem Durchmesser als die Schläuche

Die durchsichtige Kugelbahn

Diese selbstgebaute Kugelbahn in Lebensgröße der Kinder lädt im Freispiel zum Experimentieren und Entdecken ein.

Vorbereitung:

Die verschieden langen durchsichtigen Plastikschläuche werden um den Stuhl oder die Leiter in verschiedenen Windungen herumgeschlungen und mithilfe der Seile oder des Kreppbands befestigt. Die drei Schlauchenden treffen sich im unteren Bereich und führen in die Schüssel.

So geht's:

- Die Kinder stecken in die oberen Enden der Schläuche kleine Bälle und Kugeln hinein.
- In den durchsichtigen Schläuchen können sie den Weg der Bälle und Kugeln von oben nach unten gut beobachten, bis sie schließlich alle in der Schüssel landen.
- Durch die verschieden langen Schläuche können auch Wettrennen der einzelnen Kugeln und Bälle veranstaltet werden.

Variante:

Im Turnraum wird an der Sprossenwand ein beweglicher Plastikschlauch (Länge: ca 5 m, Ø 15–20 cm) mit Seilen befestigt. Die Kinder erklettern die Sprossenwand und stecken in das obere Schlauchende Plastikbälle aus dem Bällebad oder Tennisbälle hinein und lassen sie hindurchrollen. Dann klettern sie wieder hinunter, sammeln die verstreuten Bälle ein und das Spiel kann von vorne beginnen.

Müllabfuhr

Sobald Kinder einigermaßen sicher gehen und laufen können, stellt das Transportieren unterschiedlichster Gegenstände eine ihrer Hauptbeschäftigungen dar. Diese Tätigkeit können Sie mit dieser Aktivität unterstützen und fördern.

So geht's:

- Verteilen Sie in einem Raum mit möglichst viel Platz bunte Tücher, zerknülltes Zeitungspapier oder Bausteine.
- Fordern Sie nun die Kinder auf, die einzelnen Gegenstände mithilfe des Rollbretts oder Puppenwagens nacheinander einzusammeln und an einen vereinbarten Sammelplatz zu bringen.
- Dieses Spiel kann beliebig oft wiederholt werden.

Variante:

Mehrere Kinder oder Kleingruppen erhalten jeweils einen speziellen Auftrag, d.h. ein Kind sammelt nur die Bausteine ein, eine Kleingruppe nur das Zeitungspapier usw.

Tipps:

- Ein Karton kann leicht zu einem „Lastwagen" umfunktioniert werden: Der Karton wird mit der Öffnung nach oben hingestellt, eventuell vorhandene scharfe Kanten werden mit Paketband überklebt. Auf einer Seite, ggf. in einem bereits vorhandenen Griff, wird ein Seil als Zugseil befestigt.
- Diese Aktivität kann auch im Rahmen einer spielerischen Aufräumsituation im Gruppenraum regelmäßig zum Einsatz kommen.

Thema:
Gegenstände transportieren

Bildungsbereich:
Bewegung

Kompetenzbereiche:
Gleichgewichtserfahrungen machen, Feinmotorik verfeinern, Raum-Lage-Wahrnehmung erweitern

Alter:
ab 18 Monate

Anzahl:
1 Kind oder Kleingruppe

Material:
Rollbrett oder Puppenwagen, bunte Tücher, Zeitungen, Bausteine o.Ä.

Ziehen, schieben, transportieren

Thema:
Ziehen und schieben

Bildungsbereich:
Bewegung

Kompetenzbereiche:
Gleichgewichtserfahrungen machen, Feinmotorik verfeinern, Raum-Lage-Wahrnehmung erweitern

Alter:
ab 12 Monate

Anzahl:
1 Kind oder Kleingruppe

Material:
Bettbezug mit Reißverschluss, ca. 20 Luftballons

Luftballon-Schiff

Kindern macht es nicht nur Freude, Dinge selbst durch den Raum zu ziehen, sondern auch gezogen zu werden. Diese Übung dient zugleich der Schulung des Gleichgewichts.

Vorbereitung:

Zunächst werden die Luftballons nicht zu straff aufgepustet und gut verknotet. Füllen Sie den Bettbezug mit diesen Luftballons und verschließen Sie ihn mithilfe des Reißverschlusses.

So geht's:

- Im Flur oder in einem Bewegungsbereich legen sich die Kinder vorsichtig auf das Luftballon-Schiff.
- Ergreifen Sie den Bettbezug mit beiden Händen und ziehen Sie die Kinder nun durch den Raum.
- Mit zunehmenden motorischen Fähigkeiten übernehmen die Kinder gerne selbst das Ziehen des Luftballon-Schiffs.